Ute Binder

Empathieentwicklung und Pathogenese in der klientenzentrierten Psychotherapie

Viel zu lange war das entwicklungspsychologische Konzept der Empathieentwicklung ein Stiefkind in der therapeutischen Arbeit und Forschung. Nun nimmt Ute Binder diese zentralen Determinanten in der Formung des Selbst und des Beziehungs- und Bindungsverhaltens unter die Lupe, um die Zusammenhänge mit den psychischen Störungen herauszuarbeiten. Dabei schlägt sie eine Brücke zwischen dem psychotherapeutischen Konzept des empathischen Verstehens und der Rekonstruktion gestörter Empathieentwicklung.
An zahlreichen Beispielen aus ihrer psychotherapeutischen Praxis und der Forschung werden diese Zusammenhänge verdeutlicht. Aber welchen dieser Bereiche sie auch im Blickwinkel hat, für Ute Binder steht im Mittelpunkt immer der Patient.
Jetzt wie auch in den vorausgegangenen Publikationen ist es ein wesentliches Anliegen der Autorin darzustellen, dass klientenzentrierte Psychotherapie nicht stehen bleiben kann bei ihrem ursprünglichen Ansatz, sondern dass bei der Behandlung schwerer psychischer Störungen ständige Weiterentwicklungen notwendig und möglich sind.

Die vorliegende Schrift stellt keine ganz einfache Lektüre dar. Oft spürt man, wie die Autorin darum ringt, ihren Erkenntnissen den rechten Ausdruck zu geben. Mitunter erschien es mir auch, dass sie aus ihrer Praxis über Erfahrungen verfügt, die mir nicht ohne weiteres zugänglich sind. Der Eindruck des Unabgeschlossenen mag z.T. daher rühren, dass es sich eigentlich um einen Vortragstext handelt. Aber der Grund reicht tiefer: Die Autorin wagt sich in bisher unerschlossene Bereiche und hält sich bewusst für weitere Entwicklungen offen. Eben damit entspricht sie dem Stand unserer Diskussion; mit einer Fülle von Hinweisen regt sie ständig zu eigenem Beobachten und Weiterdenken an und weist damit in die Zukunft. So hat sich Ute Binder unüberhörbar in die Auseinandersetzung über ein klientenzentriertes Konzept der Störungslehre und der differenziellen Therapie eingeschaltet. Indem sie das Feld der Empathie erweiterte und differenzierte, hat sie nicht nur zur Theorie beigetragen, sondern auch Anregungen gegeben, die von unmittelbarer Bedeutung für die Praxis sind.

aus einer Rezension von Wolfgang M. Pfeiffe, GwG-Zeitschrift 93/ Januar 1993

Über die Autorin:
Ute Binder arbeitet seit 25 Jahren in einer psychotherapeutischen Praxis in Frankfurt am Main. Ihr psychotherapeutisches Engagement und ihr wissenschaftliches Interesse richtet sich vor allem auf die Arbeit mit Schwergestörten und Randgruppen. Sie hat teilweise auch in Zusammenarbeit mit anderen Autoren mehrere Untersuchungen veröffentlicht.

Ute Binder

Empathieentwicklung und Pathogenese in der klientenzentrierten Psychotherapie

Überlegungen zu einem systemimmanenten Konzept

WESTARP SCIENCE
FACHVERLAG

Impressum:

Ute Binder
Empathieentwicklung und Pathogenese in der klientenzentrierten Psychotherapie
Überlegungen zu einem systemimmanenten Konzept

Umschlaggestaltung: Stefanie Oeft

4., unveränderte Auflage 2018

in der Mediengruppe Westarp
Kirchstr. 5 - 39326 Hohenwarsleben
www.westarp.de, www.westarp-bs.de, www.book-on-demand.de
produkthaftung@westarp.de

ISBN: 978-3-86617-163-3

Printed in Germany.

VORWORT

Die vorliegende Arbeit ist eine erweiterte Fassung eines Vortrages bei den Wiener Studientagen der Österreichischen Gesellschaft für wissenschaftliche, klientenzentrierte Psychotherapie und personenorientierte Gesprächsführung (ÖGWG) am 20. und 21. November 1992.

Für die Erlaubnis zur Herausgabe in Buchform möchte ich mich bei Frau *Lore Korbel* von der ÖGWG, bei Frau *Sylvia Keil* und bei Frau *Dr. Gabriele Neuner*, die den Vortrag organisierten und moderierten, und bei Frau *Dr. Andrea Felnémenti*, die bei der Fertigstellung des Manuskriptes sehr hilfreich war, bedanken.

Der Aufbau und die Diktion des Vortrages wurden weitgehend beibehalten. Die Erweiterungen beziehen sich vorwiegend auf Beispiele und theoretische Ausformulierungen und Hypothesen, wie sie sich in der Diskussion zur Verdeutlichung als notwendig und hilfreich ergeben haben.

Das Verständnis von klientenzentrierter Therapie und die Formulierung von Ansätzen eines systemimmanenten pathogenetischen Konzeptes ergibt sich (neben theorieformalen Gründen) vor allem und zuerst aus Behandlungsnotwendigkeiten. Dabei gehen wir von der zentralen Bedeutung des komplexen Konzeptes Empathie in der klientenzentrierten Psychotherapie und von Empathie als Kerndeterminante in der Formung des Selbst und der Entwicklung des Bindungs- und Beziehungserlebens/-verhaltens aus.

Die Erarbeitung des Konzeptes geschah in enger Kooperation mit *Johannes Binder*.

Unsere Erwartung ist, daß mit der Formulierung von Hypothesen in dieser Richtung Wege gefunden werden können, die weiterhelfen können bei der Beantwortung der Frage von *John Shlien*: „To realize that it is the understanding that promotes the healing will direct us to the remaining problem for psychotherapy and psychology: We do not know the mechanisms by which understanding promotes healing or even the mechanisms of understanding itself."

Und noch eines: Viele Versuche, mit einfachen Lösungen, mit eindimensionalen Ansätzen psychotherapeutische Probleme anzugehen, führten – dies zeigt die Wissenschaftsgeschichte (in allen Schulen von Psychotherapie) – zu „Wahrheiten", die Erkenntnis erschwerten, die Mut zu gedanklichem Voranschreiten diskreditierten, die den Ausblick auf klinische Phänomene verstellten.
Beim gegenwärtigen Stand unseres Wissens bewegen wir uns auf unsicherem Grund, auf mühsamen Pfaden des Erkennens.
Von *Carl R. Rogers* werden wir stets daran erinnert, daß in bezug auf Inhalt, Maß und Ziel des therapeutischen Handelns und Forschens der Ausgangspunkt unserer Erkenntnis immer unser Gegenüber in der psychotherapeutischen Praxis ist.

Ute Binder

Vorwort zur zweiten Auflage

Die Erforschung empathischer Prozesse in der Entwicklungspsychologie und, für uns besonders wichtig, in der Entwicklungspathologie gewinnt zunehmend an Bedeutung. Die daraus resultierenden, weiterführenden, psychotherapierelevanten Entwicklungen sind erst in Umrissen erkennbar. Die Fülle des vorliegenden Materials im Zusammenhang mit Störungen der Selbstentwicklung, die Befunde zum Beziehungs- und Bindungsverhalten, der psychischen Störungen in Folge von Defiziten, die Erfassung schützender Entwicklungsbedingungen und von Risikofaktoren etc., aber auch allgemeine Befunde und Hypothesen ethologischer, psychophysiologischer und emotionsbezogener Forschung und Theoriebildung bedürfen zunächst der Sichtung und Bewertung. In einem weiteren Schritt wäre eine Integration indas klientenzentrierte psychotherapeutische Forschen und Handeln, das klinische Erfahrungsmaterial und die Theoriebildung dringend erforderlich.
Die vorliegende Arbeit ist als Anstoß in diese Richtung gedacht.

Ute Binder
Juni 1998

INHALTSVERZEICHNIS

EMPATHIEENTWICKLUNG UND PATHOGENESE IN DER KLIENTENZENTRIERTEN PSYCHOTHERAPIE

Eine erweiterte Fassung des Vortrages bei den Wiener Studientagen am 20. und 21. November 1992

von
Ute Binder

"Nicht nur in der Gefolgschaft *Sigmund Freuds*, auch in der Ethologie gilt das Gesetz, wonach dem Schüler das Vermächtnis des Meisters entgleitet, wenn er sich mit der Rolle des Exegeten begnügt. Treten wir also einen Schritt (von der Lorenz'schen Definition) zurück, und versuchen wir, statt ihrem Wortlaut zu verfallen, ihrem Anliegen gerecht zu werden." (*Norbert Bischof*)

Der störungsspezifische Ansatz als Weiterentwicklung

Carl R. Rogers hat mehrfach zum Ausdruck gebracht, daß ihm die Vorstellung, man könne seine Gedanken endlos auslegen, anstatt auf ihrer Basis Entwicklungen in Gang zu setzen, ein Graus war.

In einem Interview mit *E. Kramer* formuliert *Rogers*: "... and I continually stress the fact that the essence of a good response in therapy, from my point of view, is a very deep understanding of the message the person is trying to communicate both verbally and nonverbally, a response to the meanings that he is aware of, but also a response that cuts it a little bit below his awareness."

Wenn wir also *Rogers* nicht nur präzise spiegeln wollen, sondern auch hinsichtlich seines überlieferten Gedankengutes konstruktive Veränderungen in Gang setzen möchten, so liegt es nahe, daß wir uns - und dies tut jeder Wissenschaftler ebenso wie jeder Therapeut - der Basis seines persönlichen Erfahrungshintergrundes selektiv, sowohl in der "Therapeutenrolle" empathisch mit dem Anliegen und den implizierten Möglichkeiten seines Therapiekonzeptes beschäftigen, als auch quasi in der "Klientenrolle", die für uns relevanten, eigenen Weiterentwicklungsmöglichkeiten darin suchen und beschreiten.

Die Forderung nach bedingungsloser Akzeptanz habe ich nie als Aufforderung für positive Bewertung oder Verzicht auf mein persönliches Wertsystem aufgefaßt, sondern vielmehr als grundsätzlich phänomenologisch orientierte Sichtweise von im Prinzip prozeßhaften, reversiblen psychischen Abläufen wie Wahrnehmen, Fühlen, Denken - und mit diesen haben wir es in der psychotherapeutischen Arbeit zu tun -, die sich noch im Vorfeld sozialer Konsequenzen bewegen und damit im Prinzip außerhalb normativer, moralischer Bewertungen stehen.
Um der Forderung nach Kongruenz zu genügen, die Grundlage für die konstruktive Wirksamkeit von Beziehungen zu sein scheint, ist das Grundprinzip von *Rogers* "every person must discover his own individual and unique person-to-person way of assisting others' growth" sicher relevanter als die Anwendung von nicht in die Person integrierten Techniken. Aber, indem Psychotherapie weitreichende soziale Konsequenzen hat, ist sie nicht wertfrei zu betrachten und keine Frage eines individuellen Lebensstils, sondern eine auch wissenschaftlich begründete Tätigkeit, an die auch die entsprechenden überindividuellen Bewertungskriterien anzulegen sind.
Hierbei gehen sicher "Vor-Urteile" als vorläufige Annahmen im Sinne der auf der Basis von Erfahrungen und reflektierter Grundorientierung zu einem gegebenen Zeitpunkt als optimal erreichbaren Beurteilungs-/Steuerungsgrundlagen des Handelns mit ein, da wir es wohl immer mit einer Fülle von Phänomenen zu tun haben werden, mit denen wir umgehen müssen, ohne über abge-

schlossene oder auch nur befriedigende, ausreichende Erklärungen zu verfügen.
Diese Vor-Urteile sind sicher mit vielen Irrtümern und Unzulänglichkeiten behaftet, die sich am ehesten ausräumen lassen, je konsequenter die phänomenologische Ausrichtung an Erfahrung/ Erleben erhalten bleibt. Aus der Medizin sind hinreichend Beispiele bekannt, wo oft sinnvolles therapeutisches Handeln mit aus heutiger Sicht völlig abwegigen Begründungen erfolgt ist. Es gibt keinen Grund zur Annahme, daß sich hieran grundsätzlich etwas geändert haben soll. Von daher erscheint es mir auch nicht berechtigt, historisch verbindlich gewordene Theorien und geschlossene Erklärungssysteme über empirisch gewonnene Erkenntnisse - auch wenn diese sich nicht immer und ohne weiteres einordnen lassen und bis auf weiteres in ihrer Interpretation uneindeutig bleiben - zu stellen.
Demgegenüber liegt im Haftenbleiben am endlos Exegetischen die Gefahr von Vorurteilen im Sinne von rigiden, a priori gegebenen Bewertungskriterien; Linientreue mag für Glaubensgemeinschaften, politische Parteien etc. einen Wert an sich darstellen, für Wissenschaftler, Therapeuten und ganz besonders Rogerianer gewiß nicht.

Überlegungen in bezug auf eklektische Vorgehensweisen

Wir sehen in unserem störungsspezifischen Ansatz eine Weiterentwicklung der klientenzentrierten Methode, die im Detail durchaus kontrovers ist, aber im Ganzen kompatibel. Demgegenüber sehen wir in eklektischen therapeutischen Vorgehensweisen - wie empirisch bewährt die einzelnen Techniken innerhalb ihrer ursprünglichen Orientierung auch immer sein mögen - ein grundsätzliches Problem der Kompatibilität. Hierbei kann sehr leicht die eine Hand zerstören, was die andere aufgebaut hat.[1]
Im eklektischen Vorgehen ist der Therapeut als Akteur gedacht, der über verschiedene Methoden und Techniken verfügt, deren intendierte Wirkung ihm bekannt und klar ist. Er kann sie gezielt

einsetzen oder auch durchprobieren, bis er die jeweils nützlichste gefunden hat, wobei auf jeden Fall das Prinzip der Selbstbestimmung des Klienten verlassen wird.

Im eklektischen Vorgehen liegt eine absichtsvolle Zielvorstellung, die symptomorientiert ungeduldig ist und damit die konstruktive Möglichkeit des personenzentrierten Ansatzes, die in der Forderung nach absichtsfreier, bedingungsloser Wertschätzung liegt, unterläuft.
Eklektisches Vorgehen wird oft gewählt, um am Erfolg zweifelnde Patienten und Therapeuten zu beruhigen und zufrieden zu stellen. Damit kann es den Therapeuten als manipulierbar, nachgiebig und schwach erscheinen lassen, was speziell bei Patienten aus dem schizophrenen Formenkreis die Beziehung nachhaltig beeinträchtigt (*Binder/Binder, 1991; Whitehorn und Betz, 1975*).

Wir wissen, daß mitmenschliche Begegnungen - ganz besonders therapeutische Interventionen - in komplexer Weise etwas bewirken, ohne daß wir jeweils genau wissen, was bzw. wie sie es tun und welche Nebeneffekte dabei auftreten können. Beim Lernen, Sich-Verändern, Emotionale-Erfahrungen-Machen, handelt es sich um ein hoch komplexes Geschehen, bei dem der Lernweg selbst Impulse setzt und damit nicht neutral ist (*Binder/Binder, 1981*).
Wir laufen also bei eklektischem Vorgehen stets Gefahr, daß an sich konstruktive Impulse sich gegenseitig aufheben oder sogar zu widersprüchlichem, chaotischem Beziehungserleben führen.
D.h., mit der Warnung vor eklektischem Vorgehen rede ich nicht der Linientreue an sich das Wort, sondern vielmehr der vor allem bei schwer gestörten Patienten notwendigen Klarheit und Verläßlichkeit der therapeutischen Beziehung, die durch nicht systemimmanente und dadurch nicht kongruente Verhaltensweisen beeinträchtigt wird.
Es kann nach meiner Erfahrung durchaus oft sinnvoll sein, wenn Patienten auch andere therapeutische Angebote nutzen, aber nicht

bei der gleichen Person und im selben Setting.
Wie sich verschiedene therapeutische Ansätze unproduktiv in die Quere kommen können, läßt sich einleuchtend an der Suchttherapie verdeutlichen. Hier stehen autoritär strukturierte Ansätze wie im Synanon-Projekt und der personenzentrierte Ansatz, wie ihn *Schmidt-Schmölke* (1989) vertritt, der ganz auf die Eigenverantwortung zentriert ist, gleichberechtigt erfolgreich nebeneinander, wobei das zugrundeliegende grundsätzlich andere Menschenbild eine Mischung unmöglich macht. D.h. nicht, daß wir nicht von anderen therapeutischen Richtungen lernen können und daß wir hierbei gewonnene Erkenntnisse nicht integrieren können, sondern vielmehr, daß wir als Therapierichtung, in deren Zentrum Empathie als Methode der Veränderung und ein empathisches Beziehungskonzept stehen, bewußt und konsequent Prioritäten setzen müssen.

Der störungsspezifische Ansatz ergibt sich aus der klinischen Erfahrung

Es bleibt auf jeden Fall noch eine Fülle von Wirkungsmechanismen übrig, die wir bestimmt nicht bewußt und konsequent verwirklichen. Wir sind weit davon entfernt, im Einzelfall immer zu wissen, was wir warum und mit welchem Nutzen tun. Oft sind es ganz nebenbei passierte Interventionen, die überraschend Veränderungen bei Patienten in Gang setzen und die wir bestenfalls im nachhinein begreifen.
Hierzu ein Beispiel:
Ein junger psychotischer Patient, der sich schwerfällig und spärlich explorierte und meist auf externale Tagesereignisse beschränkt blieb, fragte in der Stunde nach der Toilette. Etwas bewegungsfaul, wie ich gerade war, blieb ich sitzen und erklärte: "Den Flur entlang die zweite Tür links." Als er zurückkam, wirkte er ungewöhnlich lebendig und sagte noch im Stehen: "...also, also wie können Sie mich denn einfach so hier herumlaufen lassen, Sie wissen doch gar nicht, ob ich nicht etwas wegnehme

oder Feuer lege." Die Reaktion verblüffte mich total, auf diese Idee wäre ich nie gekommen, und ich antwortete mich erklärend und mit Erstaunen: "Aber ich kenne Sie doch." Nach einer Weile sagte er: "Stimmt, so etwas würde ich ja wirklich nie tun." Dabei schien er einen tiefen Prozeß von Selbsterfahrung zu durchlaufen.
In meiner Therapeutenäußerung ist wenig auf der Empathieskala Meßbares enthalten: Das Gefühl der Verwunderung des Patienten ist nicht verbalisiert, die Äußerung beinhaltet vielmehr Rechtfertigung und Erklärung des eigenen Verhaltens, ist also mehr egozentrisch als empathisch. Die ganze Sequenz vollzieht sich innerhalb einer Realbeziehung und nicht im therapeutischen Kontext im eigentlichen Sinne.
Unter einem störungsspezifischen Aspekt betrachtet, passiert hier aber durchaus Empathisches. Bei dem psychotischen jungen Mann handelt es sich - dies wird später noch ausführlicher dargestellt - um einen Menschen, der in seiner Empathieentwicklung erhebliche Defizite in bezug auf das Kennen von sich und anderen als Personen mit einer kontinuierlichen Identität aufweist.
Meine Äußerung, die seine aktuelle Gefühlslage überhaupt nicht spiegelte, war also sehr wohl empathisch für sein spezifisches Defizit von und Bedürfnis nach Identitätserleben, das ich stellvertretend für ihn vorwegnahm und ihm so zugänglich machte.
Meine Äußerung verhalf ihm zu einer differenzierteren Wahrnehmung von sich und anderen, indem ich ihm - entgegen seinen bisherigen Erfahrungen - als einer Person begegnete, der man vertrauen kann, und indem ich damit für ihn nachvollziehbar und spürbar recht hatte, veränderte sich sein Selbst- und Fremdbild in Richtung Vertrauen in sich und andere und damit in Beziehungen.
Und meine Äußerung benennt auch unsere Beziehung als ein "reales Sich-Gegenüberstehen" im Sinne *Pfeiffers* und macht sie als solche für den Patienten deutlicher erfahrbar.

Nach *Grusec* (1991) wirkt die Benennung - oder auch bloße

Attribuierung - prosozialer Impulse des Kindes durch die Eltern empathiefördernd. Indem diese Impulse wahrgenommen und kommuniziert werden, werden sie Bestandteil eines positiven Selbstbildes, was zu einer Verstärkung führt.

Die übereinstimmende Erfahrung von "so werde ich gesehen, so bin ich und so will ich auch sein", ist identitäts- und empathiefördernd. Das sind große Worte rund um eine therapeutische Zufälligkeit. Wenn wir uns daran verdeutlichen, wie oft uns sicher ähnlich unbemerkt, unreflektiert und nebenbei mehr oder weniger konstruktive Äußerungen passieren, so bleibt uns die aus solchen Erfahrungen begründete Hoffnung, daß wir oft sehr viel mehr erfassen, als uns klar ist, und daß die von *Rogers* postulierte Selbstaktualisierungstendenz dazu beiträgt, daß unsere Patienten uns konstruktiv nutzen.[2]

Rogers Auffassung, daß die angemessene Verwirklichung der Variablen die notwendigen und ausreichenden Bedingungen für konstruktive Veränderungen darstellt, erscheint mir - speziell was das "ausreichend" angeht - bei unserem vorläufigen Wissensstand etwas vorschnell, es sei denn, daß wir von einem Empathiekonzept ausgehen, das so facettenreich und je spezifisch ist, daß es bis auf weiteres eine reichlich hypothetische Wunschvorstellung bleibt, der wir uns nur in mühsamer auch empirischer Kleinarbeit nähern können.

Unser störungsspezifischer Ansatz ist insofern kontrovers zu *Rogers*, als dieser von der universellen Wirksamkeit der Variablen ausgeht, ohne daß darüber hinaus spezielle Beschäftigungen mit Personengruppen, Problembereichen oder Krankheitsbildern notwendig seien.[3] Demgegenüber sind wir davon überzeugt, daß wir zumindest bei der Arbeit im klinischen Bereich ohne differenziertere Untersuchungen von bestimmten Krankheitsphänomenen, den damit einhergehenden Erlebnisweisen und deren Ent-

stehungsbedingungen weit unter dem erreichbaren und für klinisch therapeutische Arbeit notwendigen Niveau der Verwirklichung der Variablen bleiben.
Zu dieser Überzeugung sind wir unmittelbar aus der praktischen Arbeit gekommen, wo wir immer wieder die Erfahrung gemacht haben, daß je schwerer eine Person psychisch beeinträchtigt ist, umso schwerer ist es, die Basisvariablen angemessen zu verwirklichen, und umso schwerwiegender sind Ungenauigkeit oder Fehler in der Verwirklichung der Variablen.[4]
Es ist leider sehr leicht, Personen mit schweren psychischen Störungen zu schaden und sehr schwer, ihnen zu helfen.

Neben diesen pessimistischen Erfahrungen gilt aber auch, daß je schwerer die psychische Störung einer Person ist, umso eher sind typische störungsspezifische Erlebnisweisen beobachtbar und verstehend untersuchbar.

Das bedeutet zunächst, je mehr wir an unsere Grenzen stoßen, umso mehr sind wir in der Situation auf Intuition und Innovation angewiesen, die aber zufällig ist und der individuellen Begabung überlassen bleibt, wenn wir nicht versuchen, sie zu reflektieren und in bestimmte Verstehenszusammenhänge zu ordnen.[5]

Sowohl die Tragfähigkeit und Entwicklungsfähigkeit als auch die spezifischen Mängel bis hin zu destruktiven Wirkungen von psychotherapeutischen Konzepten werden eben im Umgang mit schweren Störungen deutlich.

Überlegungen zu Prozessen beim empathischen Verstehen

Ich glaube, daß die Klientenzentrierte Psychotherapie eine Methode darstellt, die es mehr als alle anderen ermöglicht, auch da zumindest nicht allzu destruktiv zu werden, wo sie an Grenzen stößt.

Shlien betont in einem Aufsatz, daß wir zwar nicht wüßten, wieso bzw. wie Verstehen hilft, daß wir aber sehr wohl wüßten, daß es hilft.

D.h., wenn wir uns überhaupt konsequent um adäquates, empathisches Verstehen (in Verbindung mit Akzeptanz und Echtheit) bemühen, tun wir etwas Richtiges, auch wenn wir es bis auf weiteres in vielen Fällen nur sehr grob und undifferenziert tun.

Empathie zwischen "Herr und Hund"

Das zugewandte, aktive Bemühen um empathisches Verstehen an sich kann oft bereits zu Gefühlen von Entspannung und Zuneigung führen[6] und damit eine Voraussetzung für konstruktives Geschehen darstellen. So haben kleine Kinder, aber auch Haustiere häufig eine ausgesprochen günstige therapeutische Wirkung. Jeder kennt den Ausspruch: "Mein Hund versteht mich." Wenn wir näher betrachten, wie sich das verhält, so stimmt dieser Satz zwar überhaupt nicht, ist aber dennoch zutreffend: Herr und Hund verstehen sich gar nicht oder richtig, das jeweilige Ausmaß des Verstehens genügt, um die gegenseitigen Erwartungen emotionaler Art adäquat zu erfüllen.

Das Gefühl des Verstandenwerdens entsteht hierbei auch über das sichere Wissen, daß der Hund niemals moralische Bewertungen vornehmen wird, daß er von seinem Wesen her gezwungen ist, seinen Herrn zu akzeptieren, und daß er mangels einer entsprechenden Bewußtseinsentwicklung immer echt er selber ist.

D.h., der Mensch fühlt sich dann mit den einhergehenden positiven Effekten verstanden, wenn er nicht falsch verstanden wird und wenn das Verständnis mit seinen Erwartungen übereinstimmt.

Herr und Hund mögen sich noch so oft falsch interpretieren, im Regelfall verstehen sie sich auf der jeweils beziehungsrelevanten Ebene füreinander richtig. Ich denke, daß wir bis auf weiteres in vielen Fällen und über weite Strecken damit leben müssen, daß wir noch nicht viel mehr können, aber daß eine Optimierung und

Differenzierung im Prinzip möglich ist, und daß diese Möglichkeit umso mehr besteht, je konsequenter wir in unserem System eines empathischen Verstehensansatzes bleiben.[7]
Ein solcher empathischer Verstehensansatz muß das gesamte Spektrum von Empathiekanälen und -formen umfassen.

Um noch einmal auf Herr und Hund zurückzukommen: Sie verstehen sich auf einer affektiven Ebene, wobei jeder - so wie es ihm gut tut - entsprechende Zuschreibungen und Erwartungen vornimmt, Verbundenheit und Vertrautheit fühlt und das für das Zusammenleben relevante Verhalten ausreichend antizipieren kann, so daß eine für beide Teile adäquate **Umgangsempathie** (*Binder/Binder, 1992*) - unabhängig davon, auf wieviel Irrtümern sie beruht hinsichtlich der Interpretation - entstehen kann.
Tut der Herr nun ein Übriges und beschäftigt sich mit Kynologie, so befähigt ihn das zu hundgerechteren Verhaltensweisen und erhöht sein Verstehensrepertoire, ohne die emotional affektiven Qualitäten zu beeinträchtigen.
Dieser Neuerwerb ist als zusätzlicher Verstehenskanal gegeben und läuft gleichberechtigt, differenzierend und die Intensität erhöhend neben der affektiven Empathie mit, ohne diese aufzuheben.[8]
Ist unser Kynologe nun traurig, so wird er, wenn sein Hund sich an ihn schmiegt, dies als genauso tröstlich empfinden, wie in naiven Zeiten, wo er ihm ein mitleidiges Herz unterstellte. D.h., sein emotionales Erleben wird durch Verzicht auf moralisch bewertende Interpretationen nicht weniger intensiv. Nimmt er aber sein Fachwissen ganz unsachgemäß als Grundlage einer nicht hundzentrierten moralischen Bewertung und denkt: "Das herzlose Vieh will ja nur ...", so ist sein angenehmes emotionales Erleben zerstört.

Bewertungen als Intensitätsminderung[9]
Bewertungen sind nicht erlebnisintensivierend; sie haben im

Positiven die Funktion, vor zu intensivem und damit Handlungs-, Steuerungs- und Bewältigungskompetenzen beeinträchtigendem Erleben zu schützen, im Negativen können sie eine Erlebnisverarmung bewirken, die dazu führen kann, daß gegebene Intensitätsbedürfnisse sich in Bereichen, die wir als psychisch krank definieren, durchsetzen (*Binder/Binder*, 1981). Daß es Zusammenhänge zwischen Empathie, Intensität, Veränderungs- und Wachstumsorientiertheit einerseits und Sicherheit, emotionaler Entlastung, statischen Bewertungskriterien und Erlebnisverarmung andererseits gibt, ist mir in folgender Szene anschaulich deutlich geworden:
Ich saß in einem vollen Restaurant am Tisch mit einem sehr alten Ehepaar. Der Mann wirkte emotional labil und schimpfte in typisch unzufriedener Art aufgeregt und klagend über alles und jedes, während die Frau ganz ruhig und unbeeindruckt aß. Schließlich sagte sie: "Ich ertrage alles mit stoischer Ruhe; mir tut niemand leid, ich finde alles schlecht und rege mich nie auf."
Empathie- und Intensitätsverzicht kann durchaus die Funktion einer Bewältigungsstrategie in nicht entwicklungsorientierten Zuständen bzw. Lebensphasen erfüllen.
Deutung von Motiven wirkt dann einengend und wachstumshemmend, wenn im Sinne der klassischen Persönlichkeit (*Binder/ Binder*, 1981) "weil ..." ausschließlich als "nur weil ..." bewertend gedacht wird.
Wenn mir z.B. ein als hysterisch diagnostizierter Patient ganz reizend nach dem Munde redet und ich verstehe, daß er mir gefallen will, so schützt mich das vor Fehlinterpretationen, wie etwa, daß er mich ganz großartig findet, die die Basis einer tragfähigen Beziehung beeinträchtigen würden. Verlasse ich den phänomenologischen Aspekt und denke bewertend: "Er will mir nur gefallen", ist der Empathieprozeß vorzeitig abgeschlossen und es findet keine weitere personenzentrierte therapeutische Arbeit in diesem Bereich mehr statt.

Alexa Franke (1983, S. 66) schreibt: "Verstehen bedeutet für *Rogers* einen Prozeß. Es geht nicht darum, den anderen kennen zu lernen und dann zu wissen, wie bzw. wer er ist, sondern darum, zu begreifen, was der andere im jeweiligen Augenblick erlebt und mitzuteilen versucht." Dieser Augenblick ist aber stets ein spezifischer Augenblick im Leben eines spezifischen Patienten und hat damit auch einen historischen und persönlichkeitsbedingten Hintergrund, der die jeweils erlebte Bedeutung mit ausmacht.
Die Abwehr gegen "Kennen" und "Wissen" und die Diagnosefeindlichkeit bei *Rogers* beinhalten meines Erachtens ein Ausmaß an Mißtrauen und Pessimismus in die therapeutische Empathie und Akzeptanzfähigkeit, das in verwirrendem Widerspruch zu *Rogers'* sonst so optimistischem Menschenbild steht.
Aus *Rogers'* Arbeit wird hinlänglich deutlich, daß er zwar theoretisch klinische Abstinenz postulierte, aber in seiner praktischen therapeutischen Arbeit sehr wohl aus einem reichhaltigen klinischen Erfahrungsschatz geschöpft hat. Daß er auf eine differenzierte Ausarbeitung klinischer Grundlagen und die darin liegenden Empathiemöglichkeiten so betont verzichten zu müssen glaubte, sehe ich zwar als historisch begründete verständliche Angst vor vorschnellen und damit einen Prozeß verhindernden Kategorisierungen und Bewertungen, aber dennoch als entscheidenden Mangel für die Weiterentwicklung des personenzentrierten Ansatzes als psychotherapeutische Methode.

Auch *Swildens* (1991, S. 15) schreibt: "Der starke Nachdruck auf dem 'Hier und Jetzt' brachte mit sich, daß die Therapiestunde gleichsam der Zeit entrückt war. Aus einer derart augenblicksbezogenen Betrachtungsweise wird eine Prozeßsprache beinahe zur Unmöglichkeit. Und doch ist eine solche Prozeßsprache nötig. Der Umstand, daß sich zwei Menschen in einer helfenden Beziehung begegnen, enthält ja, daß ein Prozeß mit bestimmten Gesetzmäßigkeiten eintritt."

Der psychotherapeutische Auftrag bezieht sich auf die psychische Störung und ihre Implikationen

Psychotherapie im klinischen Bereich bedeutet, daß die Beziehung zuvörderst eine professionelle ist, deren Auftrag eben durch die psychische Erkrankung des Patienten definiert ist.

Unsere Patienten erwarten zu Recht von uns nicht nur, daß wir sie alles in allem verstehen, sondern daß wir sie ganz besonders in diesem Bereich spezifischer und besser verstehen als andere dies tun. Ihr störungsspezifisches Erleben und Handeln in all seinen Konsequenzen steht im Zentrum unserer gemeinsamen Bemühungen als relevanter Aspekt der je "eigenen Geschichte und Identität als Individuum" (*Hoffman*, 1990) unserer Patienten. Dieser Umstand scheint Patienten, die sich begründet in Psychotherapie (und nicht in allgemeine Selbsterfahrungsgruppen, Workshops und dgl.) begeben, übrigens oft klarer zu sein als vielen Psychotherapeuten. Allgemein erregende Themen, die durchaus mit emotionaler Betroffenheit, Intensität und z.T. auch tiefer Selbstexploration diskutiert werden, wie etwa Wiedervereinigung, Golfkrieg oder Ausländerhaß etc., sind bei uns kaum Themen in psychotherapeutischen Sitzungen und finden allenfalls zum Anwärmen, etwa bei Patienten, die gerne eine Gelegenheit nutzen, um etwas reziproke Realbeziehungen mit uns zu leben, oder als Ausgangspunkt für spezifische Anliegen einen Raum. Der schlichte Grund ist, daß Patienten - eine Ausnahme bilden hier manchmal extrem isolierte psychisch schwer gestörte Personen, die sonst wirklich fast niemanden haben - uns hierfür einfach nicht brauchen und uns völlig zu Recht nicht für übergreifend und per se besonders geeignete Gesprächspartner halten.

Wenn wir die Disposition zur Empathie als arteigene, angeborene menschliche Fähigkeit (*Bischof-Köhler*, 1989) betrachten, die als Grundlage der sozialen Entwicklung im Dienste der Arterhaltung steht, so müssen psychische Funktionsbeeinträchtigungen, die in irgendeiner Form etwas mit sozialen Beziehungen zu tun haben, in ihrer Entstehung und Aufrechterhaltung irgendeinen Zusam-

menhang mit Empathieerfahrungen und der Entwicklung von Empathiefähigkeiten aufweisen.
Wenn wir empathisches Verstehen als einen Prozeß begreifen, der endlos ausdifferenzierbar ist, der sich auf verschiedenen Wahrnehmungs- und Erlebenskanälen und verschiedenen Bezugsebenen vollziehen kann und vermittelt wird, dann stellt sich die Frage nach Störungslehre, Indikation, Erfolgskritierien und Wirksamkeit nicht mehr im Methodenvergleich und in der Überlegung der Einbeziehung anderer Techniken im eklektischen Sinne, sondern vielmehr systemimmanent.

Beispiele zur Problemsensibilisierung
Zur Verdeutlichung des Gemeinten einige Beispiele, wo wir mit durchaus angemessenem klientenzentrierten Vorgehen wesentliche Verstehensdimensionen nicht verwirklichen.

Aus dem klinischen Bereich:
Was ist passiert, wenn ich in der Arbeit mit einem schizophrenen Patienten zwar verstehe, daß er panische Angst hat und völlig verzweifelt ist, und ich ihm dies auch adäquat vermittle, ohne daß er hierdurch auch nur einen Schritt von der ihn so ängstigenden Wahnthematik herunterkommt, sondern mir diese vielmehr mit zunehmender Heftigkeit und immer überzeugter darlegt?
Dann bin ich auf der Ebene des emotional-affektiven Erfassens seiner Befindlichkeit hängen geblieben und gebe ihm - wenn wir Pech haben - damit sogar eine zwar spontan wohltuende, aber im Verlauf katastrophale Bestätigung seiner Wahnthematik. Weil mir das therapeutisch viel relevantere Thema der Bedeutung innerhalb seiner Erlebniszusammenhänge gänzlich unverständlich geblieben ist, habe ich ihn versehentlich zu einer zusätzlichen Emotionalisierung der Thematik eingeladen, statt zur Klärung und Distanz zu verhelfen.
Wir hatten an anderer Stelle darauf verwiesen, daß Personen mit Erkrankungen aus dem schizophrenen Formenkreis letztlich über

dieselbe Gefühlsskala verfügen, wie andere Menschen auch (*Binder/Binder*, 1991). D.h., daß sie zwar in bezug auf Auslöser und Interpretationen abweichend reagieren, aber keine grundsätzlich andersartigen Gefühle produzieren.

Und ich denke, daß wir mit dem personenzentrierten Ansatz bei der Arbeit mit diesen Patienten sehr gut daran tun, vom empathischen Verstehen des jeweiligen emotionalen Erlebnisses und wie es uns anmutet, auszugehen - oft genug haben wir nichts anderes - und uns dann versuchsweise von dieser Basis ausgehend an im Wahn symbolisierte Bedeutungen heranzutasten. So z.B. ist es erfahrungsgemäß unproduktiv, darüber zu argumentieren, ob jemand durch Abhöranlagen überwacht wird oder auch nicht, und es ist auch wenig weiterführend, die damit verständlicherweise einhergehenden Gefühle von Angst und Empörung zu vertiefen. Dem gegenüber kann es konstruktiv sein, die zugrundeliegende Bedeutung zu erspüren, wie etwa die Angst, es könne jemand merken, daß es dem Betreffenden zur Zeit nicht gut gehe, und er könne darüber erpreßbar sein, oder auch die Angst, er könne nicht mehr so recht unterscheiden, wem er vertrauen kann oder nicht usw. Das adäquate Erfassen der Gefühlslage ist sicher der wesentliche erste Schritt und Ausgangspunkt eines konstruktiven, empathischen Prozesses, das Verharren dabei und die unmittelbare Vermittlung davon, aber nicht immer und unbedingt.

Oder, was ist passiert, wenn ich den Eindruck habe, ich habe meinen schizophrenen Patienten auf der ihm relevanten Ebene gut verstanden und eingefühlt und ihm dieses auch klar mitgeteilt, und er aber, statt in den erwarteten Prozeß der Selbstexploration oder Beruhigung einzutreten, immer verwirrter wird oder sogar bitterböse? Dann habe ich vermutlich durchaus richtig verstanden, was er sagt und was er fühlt und was die Dinge für ihn bedeuten, aber ich habe überhaupt nicht verstanden, wie er versteht, und daß bei ihm etwas ganz anderes ankommt, als das, was ich aus meinem Erleben und gemäß meinen Denkstrukturen vermitteln wollte.

Wenn ich dann, weil ich mich ja nun aus meiner Sicht ganz zu recht um 180 Grad mißverstanden fühle, mit den daraus üblicherweise resultierenden Gefühlen von Verwirrung und Empörung reagiere - ebenso wie es ja auch mein Patient tat -, so wird das Desaster gegenseitigen Mißverstehens ganz perfekt und wir befinden uns beide in einer ausgesprochen schizophrenogenen Situation. Um hier nicht den totalen Pessimismus zu verbreiten - mein Gesamtanliegen ist ja schließlich das Gegenteil - möchte ich anmerken, daß, wenn es uns - wie verspätet auch immer - dann gelingt, eben diese Interaktion wieder störungsspezifisch empathisch zu verstehen, zu nutzen und aufzulösen, es sich wahrscheinlich gelohnt hat.

Oder auch, was ist passiert, wenn ich den Eindruck habe, eine Patientin mit "Anorexia nervosa" sehr gut zu verstehen und dies auch adäquat präzise, intensiv, schnell, flüssig und mühelos zu verbalisieren, und sie, statt sich zu öffnen und zunehmend tiefer zu explorieren, mir spürbar ungehalten ständig widerspricht, um dann eben dasselbe in ihren eigenen Worten sehr umständlich zu wiederholen und insgesamt immer sperriger, angespannter und höflich verzweifelt reagiert? Dann habe ich wahrscheinlich durchaus richtig verstanden, was sie unmittelbar sagt, aber ich habe überhaupt nicht verstanden, daß ihr zentrales Anliegen an mich keineswegs ist, daß ich Zugang zu ihren Gefühlen habe, sondern vielmehr, daß sie endlich ungestört ihren eigenen Zugang zu ihren Gefühlen finden dürfen möchte.

Und schließlich, was ist passiert - und diese destruktive Situation ist sicher jedem Therapeuten wohlvertraut - wenn ich einen depressiven Patienten sehr gut von Moment zu Moment, in all seinen ping-pong-artigen Bewegungen zwischen Angst und

Schuld, völliger Erschöpfung, Leere und gelähmter Antriebslosigkeit und verzweifelten Leistungs- und Handlungsvorstellungen im Kopf und der immer zuverlässigen kreisförmigen Rückkehr zu Gefühlen von totalem Unwert und Aussichtslosigkeit verstehe und ich ihm dies auch durchaus akzeptierend, warm und einfühlend vermittle, hierdurch aber keineswegs ein Erlebnisfluß mit neuen Sichtweisen in Gang kommt, sondern vielmehr eine zunehmend quälende gemeinsame Stagnation in ratloser Hilflosigkeit? An diesem unerfreulichen Punkt angekommen stellt sich im Therapeuten nicht selten eine - gemessen am unübersehbar echten Leid des Depressiven - sehr unpassende, ungerechte, frustrierte Mißstimmung ein, die sich bis hin zu nur noch mühsam zu verbergender Wut steigern kann und mit Impulsen, wie den armen Kerl rauszuschmeißen oder sonst wie schnellmöglich los zu werden, einhergehen.

In diese Sackgasse geraten wir mit Depressiven, wenn wir sie durchaus richtig und - was meistens gar nicht schwer ist - mit intensivem emotionalen Einschwingen von Moment zu Moment verstehen, ohne zu verstehen, daß ein wesentliches Merkmal depressiven Erlebens eben gerade in der isolierten Absolutheit des jeweiligen Gefühls besteht, so daß kein Erlebnisfluß und kein Prozeßcharakter mehr gegeben ist.

Beispiele für verschiedene Empathieformen und -vorformen
Und nun Beispiele, aus denen wir etwas über verschiedene Empathieformen im psychotherapeutischen Prozeß lernen können:

Empathie in die Situation:
Ganz zu Anfang meiner therapeutischen Ausbildung versuchte ich mich an einem Patienten (er war 1968 von Studenten aus einem Heim für Schwererziehbare "befreit" worden), der die wesentlichen Merkmale einer antisozialen Persönlichkeitsstörung[10] aufwies. Er schilderte, ohne daß mir in seinem Aus-

drucksverhalten irgendwelche für sein Erleben richtungsweisende Signale auffielen, folgende Szene: Er hatte sich gerade an den Frühstückstisch gesetzt, als sein Vater so heftig auf seine Mutter einschlug, daß diese gegen den Tisch taumelte, wobei ihr das Blut aus Mund und Nase auf den Tisch, das Brot und die Butter tropfte. Ich hatte zunächst gar keinen Zweifel daran, die emotionale Bedeutung, die diese Szene für ihn gehabt haben "mußte", richtig zu verstehen.

Angemessenes empathisches Verstehen einer so eindeutigen Situation verlangt in der Alltagserfahrung lediglich eine sehr simple situative Perspektivenübernahme, bei der die Ich-Andere-Differenzierung kaum darüber hinaus zu gehen braucht, daß eben klar bleibt, daß es der andere ist, dem dies passiert ist, aber Empathie durchaus davon ausgehen kann, daß er so fühlt, wie ich es an seiner Stelle täte. Dementsprechend verbalisierte ich und unterstellte ihm Angst um und Mitleid mit der Mutter und Wut auf den Vater. Mein Patient sah mich mit Befremden an und korrigierte heftig: derartiges habe er nun ganz und gar nicht empfunden. Er habe mir vielmehr sagen wollen, was es für eine rücksichtslose Unverschämtheit seiner Eltern war, ihm ein derartig blutversautes Frühstück zuzumuten. Hier endete meine damalige Empathiefähigkeit - und wenig später auch diese Therapie - in einem etwas hilflos gestotterten, wenig überzeugenden Verstehensversuch dieser für mich völlig überraschenden Wendung.

Aus heutiger Sicht wäre die Zuschreibung prosozialerer, empathischerer Empfindungen, als er sie bewußt erlebte, möglicherweise durchaus konstruktiv gewesen, wenn sie etwas fragender und in diese Richtung anregender und suchender gewesen wäre. Ich denke, ich kann davon ausgehen, daß auch dieser Patient irgendwann zumindest ansatzweise zu mitfühlenden Empfindungen fähig war und es auch noch ist, wenn ich versuche, gemeinsam mit ihm wieder einen Zugang hierzu zu finden.[11]

Meine damalige Verblüffung, die ich zu allem Überfluß, anstatt

ihn damit zu konfrontieren, auch noch zu kaschieren versuchte, war für uns beide nicht konstruktiv. Aus Mangel an Erfahrung fehlte mir die Sensibilität und Empathie für Erleben, das so eklatant und unerwartet von dem meinigen abwich.
Ich war damals weder in der Lage, meine eigenen Gefühle - und zwar weder die in bezug auf die Szene, noch die in bezug auf die therapeutische Situation, in der ich die Kritik meines Patienten, ihn ganz falsch verstanden zu haben, bewältigen mußte - noch die Welle von Ablehnung, die ich ihm gegenüber empfand, auszublenden und frei für mein Gegenüber zu sein, noch war ich im Stande, mich meinem Erleben richtig zuzuwenden. Mit anderen Worten: die Fähigkeit zur Verwirklichung der Basisvariablen war mir abhanden gekommen.

Empathie in eine personal-distress-Reaktion (*Eisenberg*, 1986)
Und nun ein in gewisser Hinsicht ähnliches Beispiel aus jüngerer Zeit:
Eine Patientin, die an einer Borderline-Störung leidet und die ich seit langem gut kenne und von der ich weiß, daß sie in manchen Bereichen zu ausgesprochen prosozialen empathischen Reaktionen fähig ist, wobei sie manchmal dazu neigt, geradezu übertüchtig und an den Bedürfnissen der Betroffenen etwas vorbei tätig Hilfe zu organisieren, befindet sich in einer Umschulungseinrichtung für schwer vermittelbare Langzeitarbeitslose. Sie berichtet sehr erregt, in ihrer Schule sei etwas Furchtbares passiert. Einer der Teilnehmer habe einen epileptischen Anfall bekommen. Sie fand das absolut empörend und wollte verlangen, daß ihm ab sofort die weitere Teilnahme am Unterricht für immer untersagt werde. Sie regte sich furchtbar über die Zumutung, Zeuge eines solchen Ereignisses sein zu müssen, auf. Hier liegt Mitgefühl mit dem Epileptiker, der Impuls, ihn zu verteidigen und in der Folge davon, Ärger auf die Patientin und emotionale Distanz zu ihr zu empfinden, unmittelbar nahe. Dies stellte sich bei mir auch ein, und hätte ich diese Gefühle aufgrund der For-

derung nach bedingungsloser Akzeptanz unterdrückt, hätten sie mich bei meinem weiteren Empathieprozeß in die Patientin mit Sicherheit gestört.
Im Gegensatz zu meiner Panne mit dem Patienten mit der blutverschmierten Butter war ich hier erfahren genug, um durch mir spontan sehr fremde Reaktionsweisen nicht verwirrt zu werden, sondern offen für mich und die Patientin zu bleiben und zu wissen, daß ein konstruktiver Verstehensprozeß mit meinem spontanen, empathischen "Ja, aber der arme Epileptiker-Ärger" zwar beginnt, aber nicht entfernt abgeschlossen ist, sondern vielmehr über das "wie kann sie nur ..." zu einem "sie kann wirklich nur, weil ..." fortschreitet. Und so wurde sie mir wieder vertraut und akzeptierend einfühlbar als ein Mensch, dem ein so dramatisches Ereignis, auch wenn es einem anderen widerfährt, in einer Situation, in der er weder sinnvoll handeln - den Notarzt hatte bereits jemand anders gerufen - noch sich entfernen kann, so unmittelbar und ohne jede Distanzierungs- oder Bewältigungsmöglichkeit ins Gemüt fährt, daß er mit dem Phänomen von "personal distress" - ein Begriff aus der Empathieforschung, den ich später noch näher erläutern werde - reagiert und dies durch wie auch immer unpassende Aggression abzuwehren versucht. Hieran konnten wir dann produktiv weiterarbeiten.

Was ich in diesen beiden Beispielen zeigen wollte, ist: Ich bin in meinem empathischen Erleben keine andere geworden, habe aber aufgrund störungsspezifischer Erfahrungen eine Erweiterung meines empathischen Umgehens und Verstehens mit von mir abweichenden Erlebnisformen in meiner psychotherapeutischen Arbeit - den oben beschriebenen Empathieaufwand hätte ich in einem privaten Zusammenhang vermutlich nicht leisten wollen - und dem darin enthaltenen Auftrag gelernt.

Emotionale Reaktion und mögliche Verbindungen zur Empathie

Und noch ein Beispiel:

Ein Patient kommt in Therapie, weil er darunter leidet, daß er inzwischen auf zahlreiche abgebrochene Ausbildungen, verlorene Arbeitsplätze und gescheiterte Beziehungen zurückblickt, ohne die mindeste Ahnung davon zu haben, woran das liegt. Das Problem erscheint mir zunächst auch ganz unverständlich. Er scheint ein durchaus angenehmer, freundlicher Mensch zu sein, der in der Situation von Moment zu Moment problemlos einfühlbar ist und gar nicht besonders gestört wirkt, so daß zunächst der Eindruck entsteht, daß mit seiner sozialen Umwelt, in der ihm kleine allgemein menschliche Versäumnisse und Mißgeschicke so unverhältnismäßig übel genommen werden, irgendetwas nicht stimmt. Er scheint ein ganz unschuldiger absoluter Pechvogel zu sein. Sicher, er war ein wenig unzuverlässig und die Schuhe streifte er sich auch nie ab und dergleichen mehr, aber diese kleinen Untugenden und Fahrlässigkeiten schienen mir das Ausmaß an Ablehnung, das er so oft erfuhr, nicht zu erklären. Im Verlauf entstand in mir - obgleich alles zwischen uns so ganz harmonisch weiter zu laufen schien - ein merkwürdiges Gefühl von Unmut, das sich schließlich zu eindeutigen, mir zunächst unverständlichen aggressiven Gefühlen auf ihn steigerte. Diese aggressiven Gefühle waren spürbar in mir lokalisiert und gegen ihn gerichtet. Es handelte sich also nicht um eine diffuse negative Gefühlsansteckung, wie ich sie im Umgang mit allgemein aggressiven, mißgelaunten Menschen kenne, sondern um eine emotionale Reaktion auf ihn, die nichts mit Empathie zu tun hat.

Das war meine erste therapeutische Begegnung mit einem passiv-aggressiven Patienten.[12]

Was ich erlebte war also eine ganz alltägliche Gegenaggression, die mir nur insofern verwirrend war, als meinem Patienten seine erhebliche Aggressivität ja nicht bewußt zugänglich war, so daß er sie weder ausdrucksmäßig faßbar signalisierte, noch verbal kommunizierte, sondern eher chaotisch und ohne bewußte Absicht provozierend verstreute. Indem ich mich - mir blieb gewissermaßen nichts anderes übrig - intensiv in interner Selbstexploration mit meinen aggressiven Gefühlen beschäftigte, begann ich allmählich zu verstehen: Zunächst die anderen, wie z.B. die Freundin, die sich von ihm getrennt hatte, nur weil er so gerne Nüsse knackte, und langsam, indem mir klarer wurde, was ihm warum ständig widerfuhr, auch ihn. Jetzt ging es ihm in der Therapie mit mir genauso schlecht, wie in all seinen anderen Beziehungen auch. Er hatte das Problem seiner nicht in sein Selbstbild integrierbaren Aggressivität, die sich auch in der strikten Ablehnung jeglicher Verantwortung ausdrückte, zwar nicht benennen können, aber deutlich demonstriert. Mit dieser Erkenntnis relativierte sich meine Aggression zugunsten einer immerhin ausreichenden Empathiefähigkeit.

Im nicht psychotherapeutischen Kontext ist es eine naheliegende Reaktion, danach zu trachten, einen Menschen, der einen in solche Wut versetzt, so schnell wie möglich loszuwerden. Im psychotherapeutischen Kontext - sofern man sich auf diesen Prozeß eingelassen hat - besteht die Möglichkeit bzw. die Verpflichtung, die eigenen emotionalen Reaktionen empathisch zu nutzen, als seien sie Signal oder Kommunkationsinhalt des Patienten.

Gefühlsübernahme als Vorform von Empathie

Und nun noch ein Beispiel einer für mich zwar lehrreichen, aber sehr leidvollen Therapieerfahrung:
Eine etwa 45jährige Frau suchte Therapie, da sie beruflich weiterkommen wollte und hierzu noch eine Prüfung absolvieren mußte, vor der sie aus ihrer Sicht unverhältnismäßig viel Angst hatte, wodurch sie den Erfolg in Frage gestellt sah. Hieran wollte sie, da ihr die Angelegenheit sehr wichtig war, in einer Kurztherapie mit ca. 10 Sitzungen - die Prüfung stand ziemlich unmittelbar bevor - gezielt arbeiten. Die Therapie endete mit einer

erfolgreich bestandenen Prüfung, einer zufriedenen, dankbaren Patientin und einer psychisch sehr mitgenommenen Therapeutin. Was in dieser Therapie eigentlich passierte, war schwer faßbar: Die Patientin plauderte meist anscheinend ganz fröhlich über externale Begebenheiten, die wenig Ansatzpunkte für therapeutische Interventionen gaben und oft geprägt waren von einem aggressiv intoleranten Unterton und einer aufdringlichen Selbstgerechtigkeit. Sie schien, obgleich sie ihr Therapieziel so klar und eng umrissen definiert hatte, mehr damit beschäftigt zu sein, mich "wegzuschwätzen", als am Thema Prüfungsangst zu arbeiten. Irgendetwas stimmte hier vorne und hinten nicht. Einerseits war alles in Ordnung, ihr Anliegen war klar umrissen und sie schien nicht viel von mir zu wollen und zu brauchen. Oberflächlich betrachtet ging alles ganz einfach und führte ja schließlich auch zum gewünschten Erfolg. Der therapeutische Auftrag, das Commitment des Therapeuten, beinhaltet nicht, ungerufen - etwa zur eigenen Erfolgsbefriedigung - Veränderungszielen oder theoretischen Entwicklungsmöglichkeiten nachzulaufen (*Binder/Binder*, 1981). Hierzu besteht weder eine Berechtigung, noch ein Grund, noch eine realistische Möglichkeit. Daß diese Therapie entsprechend dem Anliegen und der Motivation der Patientin relativ flach verlief, war nicht mein Problem. Mein Problem war vielmehr, daß diese Therapie auf einer ganz unproduktiven Ebene überhaupt nicht flach, sondern sehr ereignisreich intensiv verlief. Und zwar ging es mir dabei im Verlauf immer öfter psychisch ganz ausgesprochen schlecht. Ich erlebte Zustände von frei aufsteigender Angst, tiefe Niedergeschlagenheit und bis zur fast unerträglichen Qual reichendes Angestrengtsein, das sich auch in Symptomen äußerte, wie etwa, daß mein Kinn zitterte. Und dabei blieben mir all diese intensiven Gefühle, die ich unmittelbar am eigenen Leib erfuhr, merkwürdig fremd, und ich empfand sie als durchaus nicht zu mir gehörig, sondern wie von außen geschickt. Die Distanzierungsmöglichkeit war zwar noch gegeben, die Realitätstüchtigkeit blieb auch erhalten, die Symptome waren eindeutig auf die Situation mit dieser Patientin beschränkt und fielen am Ende der Sitzung schlagartig von mir ab, aber ich befand mich während des Kontaktes in einem durchaus psychosenahen Zustand der Gefühlsübernahme. Ich schien alle ihre in einem Balanceakt pseudonormaler Funktionstüchtigkeit gebannten Inkongruenzen emotional zu übernehmen, ohne sie integrieren zu können und ohne eine Möglichkeit, sie in Handlungskompetenzen im therapeutischen Prozeß umzusetzen. Meine extrem gefühlsoffene Empathiebereitschaft war zwar wohl dem Ausmaß der Störung angemessen, nicht aber der realen Situation und dem an mich gerichteten Bedürfnis der Patientin, und war von daher letzten Endes für uns beide nicht konstruktiv empathisch. Ein passiv aufsteigendes Übernehmen von anderer Leute nicht kongruent kommunizierten emotionalen Befindlichkeiten ohne integrierende Auseinandersetzung, ohne Prozeßcharakter und ohne selbstgesteuerten Erlebensfluß und ohne Handlungs- bzw. Umgangskompetenzen ist wohl eines der Phänomene, die unsere Patientin in psychotischen Zuständen plagen. Anflüge solcher Gefühlsübernahmen können durchaus konstruktiv am Anfang eines Empathieprozesses stehen, wenn sie eingebracht und umgesetzt werden können, nicht aber, wenn sie sich einfach parallel vollziehen. Hätte ich eine Entscheidung treffen können - um das zu lernen, habe ich diese leidvolle Erfahrung wohl gebraucht -, wie etwa: ich merke zwar, daß im Erleben dieser Patientin noch ganz andere Dinge eine bedeutsame Rolle spielen, als diejenigen, die sie sich und mir mitteilen möchte. Aber, indem ich ihre Bedürfnisse an mich akzeptieren und verstehen kann, kann ich ihr das einfach lassen, ohne mich jeweils im einzelnen darauf einlassen zu müssen. Ich hätte mir viel erspart und wäre auch für meine Patientin im Zweifelsfalle konstruktiver gewesen.

Empathie in einen unkommunikativen Gesamtzustand

Und nun noch das Beispiel einer Patientin, die an der seltenen Störung einer Multiplen Persönlichkeit leidet.[13]

Eine Person nennt sich "Blue" und ist auch einigen der anderen Personen, die bisher in der Therapie bei mir in Erscheinung traten, bekannt und wird voller Sorge und ohne die mindeste Idee, wie man ihr helfen könne, erwähnt. Blue ist geschlechts- und alterslos, ißt und trinkt und raucht nicht. Blue hat keine benennbaren Gefühle oder Empfindungen konkreten Inhaltes, ist aber chronisch in einem diffusen, schlechten Zustand. Blues Blick ist etwas leer zum Licht gerichtet, der Oberkörper schaukelt, Bewegung kommt gelegentlich in die Hände, die sich spreizen oder zu Fäusten ballen. Die verbalen Äußerungen bleiben im wesentlichen auf die Mitteilung beschränkt "es ist eben nichts, nur halt nicht gut". Blue scheint hoffnungslos einsam, traurig und völlig unerreichbar zu sein. Wenn ich die Einsamkeit verbalisiere, kommt Bewegung in die Mimik und es bahnt sich ein Personenwechsel an. Blue verschwindet und es tritt eine andere Person in Erscheinung, mit der auch andere Interaktionen stattfinden. Auch wenn Blues Emotionen keinen Weg in einen faßbaren kommunikativen Ausdruck finden, sind sie doch spürbar und es sind Reaktionen auslösbar, die zu so eklatanten Veränderungen führen, wie, daß Blue verschwindet.
Ich werde später in einem anderen Zusammenhang noch einmal auf einige dieser Beispiele zurückkommen. Zunächst wollte ich hiermit auf verschiedene empathieverwandte und empathische Reaktionsweisen und ihre Möglichkeiten im Guten wie im Schlechten im therapeutischen Prozeß hinweisen und vor allem hieran den Grundgedanken der störungsspezifischen Empathie verdeutlichen.

Der störungsspezifische Ansatz als psychotherapeutisches Bezugssystem

Der störungsspezifische Ansatz beinhaltet Diagnosen, Typisierungen, Verallgemeinerungen und steht damit zunächst im Widerspruch zu *Rogers'* Forderung nach "... to look with fresh eyes". Gleichzeitig stellt er für mich aber auch die Voraussetzung für

"fresh eyes" dar, weil er als Grundkonzept davon ausgeht, nicht unter den üblichen, erwarteten, allgemeinen Konzepten zu schauen, sondern auf Neues, Fremdes, Anderes eingestellt zu sein.
Denn, wenn wir uns - wie es auch diese Formulierung zum Ausdruck bringt - klarmachen, daß am Anfang des Empathieprozesses notwendigerweise eine Wahrnehmung des anderen stehen muß, so bedeutet das, daß sich Empathie - wie andere Wahrnehmungsprozesse auch - innerhalb eines Bezugssystems[14] vollzieht, d.h., es sind bei allen Bemühungen um den vorurteilsfreien Blick stets Raster gegeben, die sich vom selbstverständlich vertrautesten eigenen Erleben zum allgemein typischen, arteigenen über das jeweils gruppentypische zum je spezifisch individuellen vortasten.
Ohne störungsspezifischen Verstehensansatz haben wir also zwangsläufig einen Verstehensansatz, der sich am eigenen bzw. üblicherweise vorgefundenen Erleben als Bezugssystem orientiert, d.h., unser nicht bzw. falsch Verstehen hängt unter anderem von dem Ausmaß der Abweichung von unseren am Bezugssystem orientierten Erwartungen ab.[15]
D.h., da wir auf jeden Fall nicht im luftleeren Raum verstehen, sind Typisierungen bei allen ihnen innewohnenden Gefahren durchaus positiv zu sehen als Orientierungshilfen zur Optimierung von Empathie und auch zur Aufrechterhaltung angstfreier Kongruenz und Umgangssicherheit. Wenn wir Empathie begreifen als ein komplexes Geschehen, in das affektive bzw. emotionale, soziale, kognitive und motivationale Prozesse eingehen und das sich auf der Basis von entsprechenden Erfahrungen ausdifferenziert, so sind Erfahrungen mit bestimmten Gruppen geeignet, sich sowohl für deren typische Merkmale als auch für die je individuellen Abweichungen hiervon zu sensibilisieren.
Als ganz simples Beispiel nehmen wir jetzt einmal einen Chinesen, der - wie das bei Chinesen häufig ist - kein "r" sagen kann. Wenn uns dieser Umstand nicht bekannt ist, kann das zu erheblichen Fehldeutungen und Mißverständnissen führen, wir wissen

dann nicht, ob er eine Sprachbehinderung hat, ob er Witze macht, oder ob er so wenig Deutsch kann, daß ihm Vokabeln wie Brot oder vier nicht geläufig sind usw. D.h., um unsere Empfindungen und Verhaltensweisen in der Umwelt und besonders in der sozialen Umwelt zu steuern, denken wir auf jeden Fall irgendetwas in bezug auf die Phänomene, die uns begegnen (*Melges*: Zeiterleben und feed-forward). In unserem Chinesenbeispiel denken wir angemessenerweise, daß wir uns eben nichts dabei zu denken brauchen, und können so das Signal als beziehungs- und verhaltensirrelevant erkennen und uns davon entlasten.

Empathie hat nicht nur eine Funktion für den Empfänger, sondern auch für den Sender

Empathie ist zunächst einmal keine Erfindung von Therapeuten, sondern eine überlebensnotwendige, arteigene - wenn auch individuell sehr unterschiedlich, und zwar sowohl qualitativ als auch quantitativ, ausgeprägte - Fähigkeit, ohne die eine Orientierung in sozialen Beziehungen nicht funktioniert.

Zur Veranschaulichung das Beispiel "Emmy und die Köche":
Emmy war eine Patientin von mir, die an einer Borderline Störung litt und mit paranoiden Vorstellungen zu kämpfen hatte. Sie verstand viele Menschen in ihren Reaktions- und Erlebnisweisen oft falsch und wurde auch selbst häufig falsch verstanden. Mit ihren 55 Jahren hatte sie nahezu ihr ganzes Erwachsenenleben im Hotel- und Gaststättengewerbe verbracht, wobei ihr Zuständigkeitsbereich stets die Organisation der Küche war. Diese Frau, die durchaus kein Meister in Menschenkenntnis war, verfügte über eine enorme Sensibilität für das "Seelenleben" von Köchen, wobei ihr sowohl die berufstypischen als auch die individuellen Facetten jedes einzelnen Kochs schnell vertraut und einfühlbar waren, so daß sie mühelos angemessene Umgangsstrategien, adäquate Vorhersagen und die Planung entsprechender Maßnahmen vornehmen sowie ein angenehmes Beziehungsklima her-

stellen konnte. Diese enormen Fähigkeiten hatte sie in diesem einzigen ihr vertrauten und damit angstfreien zwischenmenschlichen Bereich - motivational sicher nicht mit therapeutischer Absicht, sondern zu ihrer eigenen Sicherheit - entwickelt und konnte hier, trotz ihrer erheblichen psychischen Labilität, ausreichend stabil und frei von paranoiden Vorstellungen funktionieren. Sie verstand sich als - und hierauf war sie stolz - Spezialistin für Köche, und indem sie die Köche zu nehmen wußte, war sie auch überzeugt, sich ihrerseits diesen verständlich machen zu können und richtig verstanden zu werden. Ausgehend von diesem Kompetenzgefühl war sie angstfrei und fähig, sich auf ihre spontanen Empfindungen und ihre Sicht der Dinge zu verlassen. Dieser Kontakt zum eigenen Erleben und das damit einhergehende Stimmigkeitsgefühl ermöglichte es ihr, sich in diesem Bereich im Sinne der fully functioning person frei von Angst und von verzweifelt verwirrten paranoiden Deutungsversuchen zu bewegen.

Empathie als zwischenmenschlicher Prozeß ist abhängig von einer adäquaten Entsprechung im Verständnis von Sender und Empfänger

Wenn Empathie - und dies ist Untersuchungen zu Folge als gesichert anzunehmen - sich umso leichter und intensiver herstellt, je mehr der andere als "wie ich" bzw. zu mir gehörig und vertraut wahrgenommen wird, und wenn[16], wie *Elfriede Billmann-Mahecha* postuliert, die Entwicklung zum Perspektivenwechsel[17] als ein lebenslanger Prozeß betrachtet werden kann, wobei die Fähigkeit zum Perspektivenwechsel an soziale Verständigungssituationen gebunden ist und damit immer auch konkrete Inhalte der Verständigung betrifft, die sich im Laufe der gesellschaftlichen Entwicklung und mit jeder neuen zwischenmenschlichen Beziehung ändern können, und wenn wir nicht von der Annahme ausgehen, daß psychiatrische Diagnosen notwendigerweise mit diskriminierenden Zuschreibungen und starren Erwartungshaltungen einhergehen, so müssen sich unsere empathischen Fähigkeiten durch Vertrautheit mit den störungsspezifischen "Familienähnlichkeiten" (diesen Begriff schlägt *Wittgenstein*, 1980, vor für Phänomene, die einander übergreifen und kreuzen) so optimieren, daß wir sowohl für das Typische als auch für das Einmalige sensibler sind.

Wir können davon ausgehen, daß je schwerer eine Person psychisch beeinträchtigt ist, umso eher wird sie keine bzw. weniger konstruktive oder auch für ihre spätere Entwicklung untauglichere Bedingungen vorgefunden haben. Sie wird eher weniger in der Lage gewesen sein, durch entsprechende Signale konstruktive Bedingungen herbeizuführen oder als solche zu erkennen und zu nutzen, und umso weniger in der Lage sein, destruktive Erfahrungen unbeschadet zu verarbeiten. Und weiter: Je mehr eine Person in ihren Erlebnisweisen bzw. in ihren Signalen von der Norm abweicht, umso weniger wird sie adäquat verstehen und verstanden. D.h., psychische Erkrankungen haben die Tendenz, in sich Bedingungen herbeizuführen, die zu ihrer Aufrechterhaltung beitragen.

Empathisches Verstehen als konstruktive Entwicklungsbedingung ist ein zwischenmenschlicher Prozeß, dessen Niveau abhängig davon ist, inwieweit die eine Person in der Lage ist, die Signale der anderen Person zu empfangen, inwieweit die einzufühlende Person in der Lage ist, entsprechende Signale zu senden und die Reaktion auf diese Signale adäquat wahrzunehmen. Dieser Prozeß vollzieht sich umso leichter, je vertrauter sich die beiden Personen in ihren Erlebnisweisen sind. Wobei Vertrautheit, Intimität der Beziehung, positive Affekte etc. nur so lange empathiefördernd sind, als sie nicht zu stark mit eigener emotionaler Verwicklung und daraus resultierenden eigenen, nicht vorrangig auf den anderen, sondern auf sich selbst gerichteten Emotionen, Zielen und Absichten korrelieren.

Gelingt der Empathieprozeß nicht adäquat und es kommt zu Fehldeutungen, wird die zwischenmenschliche Erfahrung für beide Beteiligten nicht konstruktiv, wobei das Ausmaß der Vul-

nerabilität sehr unterschiedlich sein kann. D.h. salopp ausgedrückt, Empathie ist keine Einbahnstraße, auf der der Therapeut, weil er es gelernt hat und er es eben kann, fährt, sondern ein komplizierter Prozeß von Interaktionen mit zwar unterschiedlich gewichteten, aber wechselseitigen Abhängigkeiten von entsprechenden Signalen (*Binder/Binder*, 1991).
Wenn wir mit *Rogers* der Überzeugung sind, daß die ausreichende Verwirklichung der Variablen zu jedem Zeitpunkt in der Entwicklung die Selbstheilungstendenzen so aktiviert, daß eine Veränderung im Sinne der Aufhebung von Inkongruenzen in Richtung *fully functioning person* einsetzt, so stellt sich die Frage, wieso es manche Menschen offensichtlich so schlecht treffen, daß weit über die Beziehungserfahrungen in der Kernfamilie, die ja oft als defizitär bzw. destruktiv erkennbar sind, hinaus, ihnen offensichtlich kein Mensch begegnet, bei dem sie ausreichend konstruktive Bedingungen erfahren. Diese Tatsache - zumal sie so häufig ist - kann nicht als Pech oder Zufall erklärt werden, sondern muß in irgendeinem verständlichen Zusammenhang mit der Störung stehen. Das Ausmaß der Abweichung vom allgemein Erwarteten, vom Bezugssystem durchschnittlich funktionierender psychisch gesunder Menschen ist sicher ein Aspekt dafür, daß adäquates Verstandenwerden für manche Personen ein seltenes Ereignis ist. Aber da sie alle miteinander ja nur bereichsspezifisch abweichend sind, kann das nicht alles sein. Das Beispiel von Emmy und den Köchen macht deutlich, daß die Entwicklung von empathischem Verstehen und die Fähigkeit zur Perspektivenübernahme nicht nur im Dienste der psychischen Gesundheit des Empfängers einen hohen Stellenwert hat, sondern auch für den Sender einen Zusammenhang mit psychischem Befinden aufweist.

Prototypische Untersuchungsergebnisse zur Wirkung von Empathie auf der Empfänger- und Senderseite

Nach einer Untersuchung von *Wills* (1991) gibt es einen Zusammenhang zwischen Streß und Symptombildung bei Personen mit wenig sozialer Unterstützung. Bei gegebener sozialer Unterstützung ist dieser Zusammenhang nicht nachweisbar. Als am wirksamsten für die psychische Gesundheit ergab sich reziproke soziale Unterstützung. Mit zunehmender reziproker Intimität und Möglichkeiten der Selbstöffnung ohne Akzeptanzverlust auf beiden Seiten verbesserte sich die Bewältigungskompetenz von überdauerndem Streß am wirksamsten.

Nach einer Untersuchung von *Salovey et al.* (1991) vermehrt psychisches Wohlbefinden die Tendenz zu Empathie und prosozialem Verhalten. Derselbe Effekt passiert auch bei Schuldgefühlen. Unabhängig von der ursprünglichen Motivation - ob die Aktion nun glückliches Aus-dem-Vollen-Schöpfen oder im Dienste der Reduzierung von Schuldgefühlen stand - führen empathische, prosoziale Verhaltensweisen zu verstärkt positiver Grundstimmung.

Feshbach (1990) verglich das Empathieverhalten von Eltern, die ihre Kinder physisch mißhandelten, und einer normalen Vergleichsgruppe in bezug auf Auswirkungen auf die Kinder. Hier ergab sich ein deutlicher Zusammenhang zwischen geringer Empathie der mißhandelnden Gruppe und Anpassungsschwierigkeiten der Kinder. Physische Gewalt korreliert signifikant mit geringer Empathiefähigkeit wie z.B. Schwierigkeiten in Videoaufnahmen, lächelnde von schreienden Kindern zu unterscheiden (*Frodi, Lamb*, 1980). Nach *Letourneau* (1981) ermöglicht geringe Empathiefähigkeit eine sicherere Vorhersage für physische Kindesmißhandlung als z.B. lebensbedingte Streßfaktoren. Die Ergebnisse zeigen weiterhin: Unempathische Eltern haben unempathische Kinder. Die Kinder der unempathischen, mißhandelnden Eltern zeigten geringe Selbstachtung und insgesamt unangepaßteres soziales Verhalten und waren vor allem viel aggressiver. Sie wiesen eine Tendenz auf, in Situationen, die eindeutig andere Kinder in Kummer und Leid zeigten, nicht wie Gleichaltrige prosoziale empathische Impulse aufzuweisen, sondern reagierten

überhaupt nicht oder sogar aggressiv. *Midlarsky* (1991) stellte fest, daß empathisches Verstehen und in der Folge prosoziale Handlungen häufiger bei Personen auftreten, die generell gute Bewältigungskompetenzen aufzeigen und eine hohe Selbstachtung haben, und daß empathisches Verstehen und prosoziale Handlungen das Kompetenzerleben und die Selbstachtung fördern.
Hieraus ergibt sich die Frage, ob unsere schwergestörten Patienten empathisch wenig entwickelt sind. Diese Hypothese ist so sicher viel zu undifferenziert. Sicher können wir durchaus typisch für manche Störungsbilder in bestimmten Bereichen, Situationen und Interaktionen defizitäre empathische Fähigkeiten beobachten, die sich nach unserem Kenntnisstand auch aus der Empathieentwicklung erklären lassen. Und dennoch erscheinen gerade viele psychisch gestörte Personen ja eher übersensibel, weich und ausgesprochen leicht berührbar. D.h., wir nehmen an, daß bestimmte Beeinträchtigungen in der Entwicklung die Fähigkeit zur Empathie nicht nur quantitativ beeinflussen, sondern auch qualitativ dahingehend, daß verstärkt Empathieformen entwickelt bzw. beibehalten werden, die wenig geeignet sind, die positive Rückwirkung auf Identität und Selbstwertgefühl in Gang zu bringen.

Empathie ist ein komplexes Phänomen[18]

Wenn wir in unserem störungsspezifischen Verstehen über ein additives Zusammentragen von Phänomenen und ihrer angemessenen empathischen Leseart hinauskommen wollen, erscheint es mir sinnvoll, den Empathiebegriff (im Sinne einer sensiblen Definition) und die bisherigen Forschungsergebnisse zur Entwicklung von Empathie und Perspektivenübernahme mit *Rogers' "fresh eyes"* neu zu betrachten. Wenn man von Empathie und empathischem Verstehen spricht, scheint einen jeder - egal ob Psychotherapeut oder fremdwortgebildeter Mensch - auf Anhieb zu verstehen. Wohl weiß man, daß es sich um eine recht komplexe Angelegenheit handelt, aber gleichwohl doch um eine, die jeder aus eigener Erfahrung sehr genau kennt und weiß, wie sie sich vollzieht und wie sie sich anfühlt, so daß selbstverständlich naheliegt, daß es sich hier um eine universelle Gegebenheit handelt, die man ganz einfach als solche spürt und eindeutig identifizieren kann. Ein empathisches Empfinden und Verstehen scheint in ähnlicher Weise vom eigenen Erleben her ganz selbstverständlich - schließlich spürt man es einfach und zwar genau - klar definiert zu sein, wie etwa der Begriff Liebe, wo auch erst bei genauerer Betrachtung die Klarheit verschwindet und deutlich wird, daß keineswegs jeder hier dieselbe Sichtweise hat, und darüber hinaus, daß jeder in verschiedenen Kontexten über ganz verschiedene Sicht- und Erlebensweisen verfügt (*Luhmann*, 1984). In beiden Fällen - Empathie und Liebe - scheinen Menschen über eine erhebliche Variationsbreite - und zwar jeder einzelne in verschiedenen inneren und äußeren situativen Konstellationen und auch eher überdauernd von Person zu Person - zu verfügen.

Ich glaube, wir können davon ausgehen, daß wir, wenn wir über Empathie sprechen, keineswegs immer dasselbe meinen. Und es sieht auch so aus, als ob Empathie, wie andere menschliche Funktions- und Erlebnisweisen auch, nicht global als gut oder schlecht bewertet werden kann, sondern an sich eine außerhalb von moralischen Kategorien stehende Dimension menschlichen Erlebens darstellt, die für alle Beteiligten konstruktive Möglichkeiten, aber im Einzelfall durchaus auch destruktive Wirkungen haben kann.[19]

Konstruktive Empathie hat Prozeßcharakter

Empathisches Verstehen hat im Erleben eine fatale Tendenz zu einer Entweder-Oder-Färbung: man hat es doch verstanden und eingefühlt oder eben nicht. Die mangels Gründlichkeit der Einbeziehung aller innerer und äußerer Signale gegebene Unfertigkeit und damit Notwendigkeit, den Prozeß nochmals auf einer anderen Ebene anzugehen, ist im Erleben nicht automatisch repräsentiert. Von daher werden im Prozeß selten alle zur Verfügung stehenden Wahrnehmungskanäle, emotional, affektive Resonanzen und Verarbeitungsformen durchlaufen. In dem Wort Einfühlung ist bereits Prozeßhaftigkeit, Tätigkeit angedeutet, im Gegensatz zu Mitgefühl, das eher einen überdauernden Zustand meint. Das Angenehme beim Einfühlen und Eingefühltwerden scheint in der Interaktion und in dem Prozeß[20] der Bewegung zu liegen; jedes statische Haftenbleiben sucht nach Beendigung oder wird zur Qual. Unmittelbar deutlich wird diese Qual in der depressiven Stagnation, bei überwertigen Ideen, oder auch bei Angstzuständen, bei denen dem Betroffenen Ursprung und Bedeutung nicht klar sind, sodaß weder eine Auflösung durch entsprechende Handlungen noch durch Überführung in andere Erlebnisqualitäten möglich ist, sondern die Angst mit ihrem Signalcharakter einfach stehen bleibt. Selbstexploration, die das Erleben in Fluß hält, ist gleichbedeutend mit Selbstempathie und führt zu einer eher wertfreien affektiv-emotionalen Hinwendung zum eigenen Erleben. Selbstexploration nach dem Muster zwanghaften oder depressiven Grübelns ist demgegenüber bewertungsorientiert, verhindert einen Erlebensfluß und wird entsprechend als peinigend statisch empfunden.

Der Heilungseffekt der Selbstexploration ist unter anderem auch dadurch erklärbar, daß wir mit unseren therapeutischen Interaktionen einen vorschnellen Abschluß innerseelischer Prozesse und die damit einhergehenden letztlich nicht stimmigen - also zu Inkongruenzen führenden - Beurteilungen und Entscheidungen verhindern. Selbstexploration ist auch das durch die Prozeßhaftigkeit mögliche Aushalten von Ambivalenzen und Vorläufigkeiten ohne Verlust der Handlungskompetenz und ohne Verlust der Hierarchisierungs- und Desaktualisierungsfähigkeit, wie sie sich im schizophrenen Erleben so dramatisch ereignet.

Empathiedefinitionen

Goldstein und *Michaels* (1985) haben eine Reihe von Empathiedefinitionen zusammengetragen, von denen ich hier einige anfüh-

ren möchte (Übersetzung v.d. Verf.).
Empathiedefinitionen, die sich auf die Erfassung von Wesensmerkmalen einer anderen Person, eines anderen Lebewesens oder auch Gegenstandes beziehen: "*Lipps* meint, daß Empathie eine Art innere Nachahmung sei. Ein Betrachter ist durch den Anblick eines Objektes angeregt und reagiert, indem er das Objekt nachahmt. Der Prozeß erfolgt automatisch und schnell, und bald fühlt sich der Betrachter in das Objekt hinein und verliert das Bewußtsein für sich selbst und erfährt das Objekt, als ob seine eigene Identität verschwunden wäre und er zu diesem Objekt geworden sei." (*Katz*, 1963).
"Empathie meint mit seinen eigenen Gefühlen in die dynamische Struktur eines Objektes zu gleiten oder auch eines Tieres oder Menschen, als ob man es von innen nachzeichnen würde, indem man seinen Bau und seine Haltung in der Wahrnehmung der eigenen Muskeln versteht, es heißt sich selbst dorthin und dahinein zu transportieren." (*Buber*, 1948).
Eine Definition, die Empathie von anderen verwandten Begriffen abgrenzt: "... die Fähigkeit, in eines anderen Menschen Schuhe zu steigen und genauso leicht wieder in die eigenen zurück. Sie ist keine Projektion, was hieße, daß die Schuhe den Träger drücken und er meint, ein anderer sollte sie tragen, sie ist keine Identifikation, was hieße, in eines anderen Schuhe zu steigen und dann unfähig oder unwillig zu sein, sie wieder auszuziehen, und sie ist nicht Mitgefühl, bei dem jemand in seinen eigenen Schuhen steckt, während er das Verhalten eines anderen betrachtet und auf diesen im Sinne davon, was er ihm über Schuhe sagt, reagiert - wenn sie drücken, spricht man darüber, und wenn sie passen, freut man sich mit ihm darüber." (*Blackman, Smith, Brokman* und *Stern*, 1958).
Eine Definition, die die habituellen affektiv-emotionalen Seiten in ihrer Bedeutung für die Wahrnehmung hervorhebt: "... die Messung von affektiver Sensitivität oder was man allgemein Empathie nennt. Affektive Sensitivität beinhaltet die Fähigkeit,

die unmittelbare affektive Befindlichkeit eines anderen aufzuspüren und zu beschreiben, oder in der Sprache der Kommunikationstheorie, affektive Kommunikation zu empfangen und zu dechiffrieren." (*Danish* und *Kagan*, 1971).

Nun einige Definitionen, die eher von Empathie im Sinne der Perspektivenübernahme im Dienste von Fertigkeiten zur sozialen Orientierung stehen: "Empathie ist der Prozeß, durch den eine Person momentan so tut, als wäre sie die andere Person, sich in das Wahrnehmungsfeld der anderen Person projiziert, sich vorstellungsmäßig an die Stelle der anderen setzt, damit sie einen Einblick in das mögliche Verhalten der anderen Person in einer gegebenen Situation erhält." (*Coutu*, 1951).

"Empathie ist letztlich eine stellvertretende Introspektion - wir introjizieren die andere Person in uns und überdenken sie innerlich." (*Katz*, 1963).

Und schließlich einige Definitionen von Empathie - im Sinne empathischen Verstehens -, bei denen die Betonung auf dem Prozeß und den Phasen, die dabei durchlaufen werden, liegt:

"1. *Identifikation*: Teils durch eine Lockerung bewußter Kontrolle erlauben wir uns betrachtend von der anderen Person und ihren Erfahrungen absorbiert zu werden.
2. *Inkorporation*: Mit diesem Ausdruck ist die Tätigkeit gemeint, mit der wir die Erfahrung des anderen in uns hineinnehmen. Diese Phase ist schwer von dem ursprünglichen Akt der Einfühlung in einen anderen zu unterscheiden. Es sind gewissermaßen zwei Seiten desselben Prozesses. Wenn wir uns identifizieren, projizieren wir uns in den anderen, wenn wir inkorporieren, introjizieren wir den anderen.
3. *Reverberation*: Was wir in uns hineingenommen haben, findet einen Widerhall in Teilen unserer eigenen Erfahrung und weicht einem neuen Verständnis. Es kommt zu einer Wechselwirkung zwischen den internalisierten Gefühlen des anderen und den eigenen Erfahrungen und Phantasien.
4. *Ablösung*: In dieser Phase empathischen Verstehens ziehen

wir uns von der subjektiven Involviertheit zurück und benutzen die Methode von Vernunft und genauer Untersuchung. Wir beenden unsere Identifikation und bewegen uns in einer Richtung der für eine objektive Analyse notwendigen sozialen und psychischen Distanz." (*Katz* nach *Theodor Reik*, 1963).

"Die erste Phase empathischen Verhaltens beginnt, wenn der Mitarbeiter die verschiedenen offenen Verhaltensweisen des Klienten wahrnimmt; darin eingeschlossen sind seine ausgesprochene sprachliche Botschaft und die nicht-sprachlichen Qualitäten. In der zweiten Phase empathischen Verhaltens bekommt der Mitarbeiter sowohl kognitive Reaktionen als auch Gefühlsreaktionen in sich selbst heraus ... Um hohe Niveaus von Empathie für den Klienten zu erreichen, muß der Mitarbeiter seinen anfänglichen Gefühlsreaktionen erlauben, so frei wie möglich von kognitiver Verzerrung zu bleiben. Kognitive Verzerrung schließt Stereotypisierungen, Werturteile vornehmen oder Wahrnehmungen entsprechend einem fixierten, theoretischen Schema zu analysieren ein. In der dritten Phase empathischen Verhaltens muß der Mitarbeiter bewußt Gefühle, die er für sich alleine hat, trennen von denen, die er mit dem Klienten spürt und teilt. Die hier beschriebenen ... empathischen Verhaltensweisen ... charakterisieren alle die Empfänglichkeit des Mitarbeiters für den Klienten. Aber genaue Aufnahmefähgkeit muß vervollständigt werden durch genaues *feed-back*." (*Keefe*, 1976).

"Dieses Modell stellt die folgenden einfühlenden Verhaltensweisen als die Komponenten von Empathie dar:

1. Wahrnehmung der verbalen und nicht verbalen Botschaften der anderen Person,
2. genaues Verstehen der Bedeutungen der Botschaften der anderen Person ...,
3. Erfahrung der eigenen körperlichen Antworten auf die Bot-

schaften der anderen Person, während komplexe kognitive Ausarbeitungen solange in der Schwebe gehalten werden,

4. Trennung von Gefühlen, die mit der anderen Person geteilt werden von solchen, die man für sich alleine hat,
5. genaue Mitteilung von reaktiven Gefühlen zurück zu der anderen Person in harmonisch verstehbaren, verbalen und nicht-verbalen Botschaften." (*Keefe*, 1979).

Die zuletzt zitierten Definitionen entsprechen vertrauten Auffassungen von komplexem, empathischem Verstehen als Methode im Therapieprozeß, wie sie im personenzentrierten Ansatz formuliert und praktiziert werden. Ich sehe in *Keefe's* Forderung nach Vermeidung von kognitiven Verzerrungen insofern eine Bestätigung unseres störungsspezifischen Ansatzes, als der Ausgangspunkt von Empathie bei einem nicht von Erfahrungen auch mit psychisch gestörten Erlebnisweisen getragenen Bezugssystem im Umgang mit psychisch gestörten Personen eben solche kognitive Verzerrungen begünstigen muß.

Empathieentwicklung

Im Folgenden will ich einige Forschungsergebnisse, Hypothesen und Überlegungen bezüglich Empathieentwicklung berichten und dann versuchen, sie in einen Bezug zu unserem störungsspezifischen Verstehensansatz zu bringen.

Viele mehr oder weniger fruchtbare Auseinandersetzungen hat es in diesem Forschungsbereich zwischen Wissenschaftlern gegeben, die den emotionalen Aspekt in der Entwicklung der Empathie betonen und denjenigen, die sich eher für die Reifung der für die Perspektivenübernahme erforderlichen kognitiven Prozesse interessieren. Diese verschiedenen Ansätze führen oft zu verschiedenen Untersuchungsplanungen und von daher dann auch zu widersprüchlichen Ergebnissen in bezug auf den Zeitpunkt des Auftretens verschiedener Empathieformen. Für unser Thema sind die emotionalen Aspekte die zentralen, der am eher Kognitiven orientierte Blick hilft aber zur sinnvollen Aufrechterhaltung der Wertfreiheit in diesem Bereich.

Bei der Empathieentwicklung sind durchaus typische Verläufe zu beobachten, wobei reifungsbedingt und erfahrungsbedingt in bestimmten Phasen unterschiedliche Empathieformen im Vordergrund stehen. Hierbei geht im Laufe der Entwicklung keine Empathieform wirklich verloren und nimmt, auch wenn sie gegeben ist, nicht an Intensität ab, sondern verliert lediglich durch neu erworbene bzw. gereifte Fähigkeiten und Lernerfahrungen in bezug auf ihre Tauglichkeit für das eigene Befinden, die Beziehungsgestaltung und Umweltorientierung an Gewicht. Tendenzen zu bestimmten Empathieformen scheinen sowohl überdauernd individuell als auch situativ bzw. in Abhängigkeit von der jeweiligen psychischen Gesamtverfassung eines Individuums gegeben zu sein.[21]

Vorformen von Empathie

Vorformen von Empathie sind von Geburt an vorhanden. Bei diesen Vorformen handelt es sich um Phänomene, die wir auch bei höheren Tieren finden können und bei denen neben einem unmittelbaren, biologischen Überlebensnutzen auch arteigenes, in die Zukunft gerichtetes Verhalten, was auf entsprechende Umweltstimulationen angewiesen ist, zur Entwicklung kommt.

Gefühlsansteckung

Gefühlsansteckung setzt Fühlen voraus, das über vegetativ endokrinologische Aktivitäten oder rein instinktive Abläufe sowohl im Sender als auch im Empfänger hinausgeht - Hunger der Mutter oder des Kindes überträgt sich nicht via Gefühlsansteckung von einem auf den anderen. In diesem Zusammenhang ist Fühlen im Sinne *Izard's* (1981) gemeint, wonach Emotionen - im Gegensatz zu Trieben - sich auf innerpsychische zwischenmenschliche oder aus der Umwelt stammende Signale beziehen, die nicht nach dem

Muster eines zyklischen Verlaufs funktionieren. Die wohl wesentlichste derartige Vorform ist die sogenannte Gefühlsansteckung. Beispiel hierfür ist nach *Hoffman* das angeborene Schreien der Neugeborenen, wenn sie andere Babies schreien hören. Die Gefühlsansteckung orientiert sich im weitesten Sinne am Ausdrucksverhalten - expressives Ausdrucksgeschehen und auch Signale über vegetative Symptome -, und sie ist bei näherem Betrachten biologisch sinnvoll. Wir gehen davon aus, daß die Grundemotionen sich nicht aus einem diffusen Lust-Unlust-Stadium heraus differenzieren, sondern im ersten Lebensjahr zu verschiedenen - unter adaptiven Aspekten sinnvollen - Zeitpunkten (*Izard*, 1981; *Bischof-Köhler*, 1989) diskret reifen.[22] Gefühlsansteckung über die Wahrnehmung eines entsprechenden Ausdrucks vollzieht sich parallel zum jeweiligen Entwicklungsstadium.[23] Freude, Angst etc. sind erst über Gefühlsansteckung auslösbar, wenn die entsprechenden Empfindungen und ihr Ausdruck beim Kind zur Reifung gekommen sind.

Gefühlsansteckung ist nicht unbedingt beziehungsorientiert, d.h. als Reaktion auf ein kommunikatives Beziehungssignal, sondern eher bezogen auf einen mutmaßlich gemeinsamen dritten Auslöser. Furcht der Mutter löst Furcht des Kindes aus. Gefühlsansteckung vollzieht sich beobachtend und hat noch keinen sozialen Erkenntnisgewinn oder Beziehungscharakter; noch nicht einmal der Ursprung der emotionalen Befindlichkeit muß klar sein. Gefühlsansteckung ist ein Phänomen, das lebenslänglich für manche Situationen und für manche Personen mehr als für andere charakteristisch bleibt, das empathisches Erleben begleitet und formen kann, aber als solches noch keines ist.

Gefühlsreaktion

Wir können unterscheiden zwischen Gefühlsansteckung, bei der sich die beobachtete Stimmungslage identisch überträgt, und zwischen Gefühlsansteckung im Sinne einer induzierten Gefühlsreaktion, die zwar noch keine Ich-Andere-Differenzierung voraus-

setzt, aber interagierend ist und komplementäre Reaktionen hervorruft: auf den bösen Blick der Mutter wird das Kind nicht böse, sondern ängstlich reagieren. Die Gefühlsreaktion setzt Wahrnehmen, nicht aber Einfühlen oder bewußtes Interpretieren voraus. Gefühlsreaktion entsteht egozentrisch, d.h., sie ist ihrem Wesen nach im Selbst lokalisiert und an diesem orientiert, in bezug auf eigene Befindlichkeiten oder Anmutungen durch Umweltreize allgemein oder beziehungsorientiert auf einen anderen, der im Sinne eines Umweltreizes eigene Reaktionen wie Aggression, Freude, Schmerz, Zuneigung, Ablehnung etc. auslöst. Gefühle also, die eine spürbare und/oder benennbare Qualität aufweisen, die das Verhalten und emotionale Erleben gegenüber dem Auslöser (der auslösenden Person/Situation/Empfindung) beeinflussen. Gefühlsreaktionen gehen mit einer organismischen oder auch bewußten Wertung einher, die ichbezogen - tut mir gut/schlecht, gefällt mir gut/schlecht etc. - ist. Gefühlsreaktionen beinhalten verbal und nonverbal mit oder ohne Kommunikationsabsicht grundsätzlich die Möglichkeit zu Expressivität und Bewußtseinsfähigkeit.
Vegetativ endokrinologische Aktivitäten können die Gefühlsreaktion einleiten, verstärken und aufrechterhalten. Sie können aber auch die Entfaltung ihrer Funktion der Selbsterfahrung bzw. Regelung und Kommunikation im zwischenmenschlichen Bereich hemmen, wenn die Expressivität mit der darin innewohnenden differenzierenden, erlebnisaktivierenden Wirkung nach innen und außen fehlt.[24]
Gefühlsreaktionen scheinen eher in der frühkindlichen Entwicklung als Vorläufer Ich-Erfahrungen (*Auckenthaler, A.; Binder, J.*, 1987) zuzuordnen zu sein und bezogen auf zwischenmenschliche Prozesse auf Beziehung orientiert. *Auckenthaler* und *Binder* definieren Beziehung in Abgrenzung zu Bindung als aktuelle Austauschprozesse, bei denen es um Wechselwirkung, Verständigung, Annäherung-Entfernung, Regelung der Distanzen, Einverständnis-Nichteinverständnis geht. D.h., Beziehung ist bedingt

und hinsichtlich des Ausmaßes an Zuneigung davon abhängig, welche Qualitäten der Partner für einen selbst aufweist.
Erfährt das Kind ein hohes Ausmaß von wertenden Gefühlsreaktionen - als ob man es hätte wählen können und demzufolge auch verlassen kann - so kann es sein Verhalten und sein Selbstbild nicht entlang der eigenen organismischen Bedürfnisse erfahren (*Rogers*, 1959), sondern muß Verhalten und Selbstbild entlang dem Bedürfnis nach der lebensnotwendigen Aufrechterhaltung von Bindung strukturieren. Ein ausreichendes Ausmaß an Sicherheit/Bindung ist Voraussetzung für Veränderung und Entwicklung (*Binder/Binder*, 1981, Power als Sicherheitskonzept). Erfährt es zu wenig vertraute, vorhersagbare, Orientierung gebende Gefühlsreaktionen - auch nicht in spezifischen Bereichen/Situationen -, so fehlt ihm das für die Entwicklung autonomer Identität erforderliche *feed-back*. Seine eigenen Gefühlsreaktionen werden zwar nicht unterdrückt, gehen aber gewissermaßen ins Leere. Das Kind erfährt keinen Austausch, kein Gegenüber und damit auch wenig in bezug auf sich selbst als soziales Wesen mit relevanten Wirkungen im sozialen Bereich. Beliebigkeit ist keine Differenzierungshilfe. Gefühlsreaktion als Beziehungserfahrung ist notwendig für Verhaltenssteuerung und Entwicklung von abgegrenzter Identität.
Ein statisches, resonanzloses Gebundensein verhindert Entwicklungs- und Veränderungsanreize und bietet vor allem keine Möglichkeit der Selbsterfahrung als veränderungs-, entwicklungs- und einwirkungskompetent (*Binder/Binder*, 1981, Dynamisches Veränderungskonzept Intensität). Nach Untersuchungen von *Bryant* (1990) wirkt sich elterliche Nachgiebigkeit negativ auf die Entwicklung von Empathiefähigkeit aus. Sie kommt zu dem Ergebnis, daß Empathie durch emotional "heiße", intensive Situationen und durch klare Grenzen im elterlichen Erziehungsstil gefördert wird.[25]
Wertende Gefühlsreaktionen sind dann besonders destruktiv, wenn sie Personen treffen, die lebensgeschichtlich bedingt hierauf

verstärkt so reagieren, als ob der Verlust von existenziell notwendiger Bindung auf dem Spiel stünde. Dies trifft wohl auf die meisten psychisch gestörten Personen zu, ist aber sicher individuell und störungs- und bereichsspezifisch verschieden ausgeprägt.

Gefühlsgleichklang

Noch ein empathieverwandtes und empathieförderndes Phänomen, das selber keine Empathie ist, ist der Gefühlsgleichklang, vor allem, wenn er kommuniziert wird. Gefühlsgleichklang ist gegeben, wenn zwei oder mehrere Personen simultan und synchron - wenn auch vielleicht mit unterschiedlicher Intensität - in bezug auf ein drittes dasselbe empfinden. Hierbei handelt es sich zunächst weder um Empathie noch um Beziehung: die Beteiligten haben zwar dasselbe Gefühl aus demselben Grund zur gleichen Zeit, aber je für sich und, auch wenn meist eine gegenseitige Verstärkung erfolgt, zunächst unabhängig voneinander, d.h. selbst- und nicht andere-orientiert.

Im Gefühlsgleichklang wird Sicherheit und Nähe im Sinne einer Artgenossenverwandtschaft signalisiert, die in erster Linie Bindung bahnt bzw. aufrechterhält. Der Artgenosse wird nicht nur daran erkannt, daß er so ähnlich aussieht wie man selber, sondern auch daran, daß er so ähnlich fühlt. Damit stiftet Gefühlsgleichklang Gruppenzugehörigkeit und Einbindung ohne besonderen Beziehungsaufwand. Die Wahrnehmung von Gefühlsgleichklang oder auch -divergenz hat darüber hinaus eine wichtige Funktion in der Realitätstüchtigkeit. So z.B. kann ein Mensch, wenn er mit vielen anderen zusammen friert, davon ausgehen, daß es kalt ist. Friert er aber nur - und ganz im Gegensatz zu allen anderen - alleine, so legt das andere Bedeutungen und Verhaltenskonsequenzen nahe.

Gefühlsgleichklang ist in der schlichtesten Form bis zu einem gewissen Ausmaß einfach durch Zusammensein gegeben; indem man zur gleichen Zeit dasselbe hört, riecht und sieht, entsteht bereits ein passageres Wir-Gefühl.

Gefühlsgleichklang ist wenig veränderungs- und entwicklungsorientiert, aber indem er Nähe stiftet und die Bindung stabilisiert durchaus hilfreich und auch generell sowohl in der Empathieentwicklung als auch überdauernd empathiefördernd.
Gefühlsgleichklang wird meist als positiv empfunden, kann aber auch z.B. bei psychosomatisch erkrankten Personen mit asymbiotischen Nähetendenzen (*Binder/Binder*, 1991) als Autonomiebedrohung erlebt werden.[26] Und er kann, speziell bei psychotischen Menschen, denen er so oft fehlt, wenn er sich unaufdringlich und ohne Beziehungsanspruch vollzieht, insofern eine heilsame, entwicklungsfördernde Wirkung haben, als er den Betreffenden entlastende Pausen von Bindungslosigkeit und Beziehungsüberverwicklung ermöglicht (*Binder/Binder*, 1991). Weiterhin liegt in der Erfahrung von Gefühlsgleichklang/Übereinstimmung und Nicht-Übereinstimmung eine wesentliche Erfahrungsquelle für die Entwicklung einer Ich-Andere-Differenzierung und Identitätsbildung. Dies wird z.B. deutlich in den spielerischen "ich auch ..." - "ich nicht ..."-Dialogen, die so oft zwischen Müttern und Kleinkindern geführt werden.
Gefühlsgleichklang ist im Begriffspaar Beziehung/Bindung deutlich bindungsorientiert wirksam. Nach *Auckenthaler* und *Binder* (1987) sind entscheidend für Bindung die strukturellen Qualitäten des Partners. Für die Dauer und Intensität einer Bindung wesentlich sind Verständigungs- und Anlehnungsprozesse, die weniger auf Austausch basieren. Sie werden von den Autoren als dem Selbst zuzuordnende Dimensionen gesehen. Demgegenüber gehen sie bei Beziehung davon aus, daß der Partner aufgrund von bestimmten Qualitäten ausgewählt wird und somit das "Einzigartige" die notwendige Vorbedingung des Zusammenseins ist, während Bindungen, genau umgekehrt, zunächst beliebig gewissermaßen austauschbar eingegangen werden. Erst eben durch die vollzogene Bindung wird der entsprechende Partner "einzigartig" und erlebnismäßig nicht austauschbar und nicht ersetzbar. Aus der Ethologie sind zahlreiche Beispiele bekannt, daß Bindung/Prä-

gung (*Lorenz*, 1965; *Bischof*, 1985) eine notwendige, arterhaltende Funktion hat.

Eine Verzerrung von konstruktiven Entwicklungsmöglichkeiten von Gefühlsgleichklang ist in der statischen symbiotischen Bindung gegeben (*Binder/Binder*, 1991; *Sheflen*, 1980; *Bowen*, 1976). Der in der statischen symbiotischen Bindung in schizopräsenten Familien und vor allem mit den kranken bzw. später erkrankenden Mitgliedern gelebte Gefühlsgleichklang wird weder nonverbal noch verbal von expressiver Kommunikationsabsicht begleitet, noch kennzeichnet er spezifische Situationen und Interaktionen, noch ist er kongruent und frei von Ambivalenzen. Damit führt er eher zu einem In-Abhängigkeit-Gebundensein als zu einer Bindung, die als Sicherheitshintergrund und Voraussetzung auch für die Entwicklung spezifischer, autonomerer Beziehungen ist.

Konstruktive Aspekte von Bindung sind in der Entwicklung (vor allem in der frühen symbiotischen Phase) nur zum Teil als reziprok bzw. synchron, homomorph und isovalent zu sehen.[27] In der statischen symbiotischen Bindung verwirklicht die Mutter übermäßig in ihren eigenen Unsicherheiten und Bindungsbedürfnissen lokalisierte Interessen, die mit Bindung als Sicherheitskonzept[28] und damit Ausgangspunkt für autonome Identitätsentwicklung kollidieren, indem sie Gefühlsgleichklang zwar vollzieht und fördert, aber nicht kommuniziert. Erst durch die Kommunikation entsteht über den Sicherheitszustand des Zusammenseins hinaus - und damit internalisierbar - überhaupt emotionale Bewegung und Entwicklung, auch wenn diese auf Dauer eine wenig autonomiefördernde, geringe Intensität aufweist und das Spektrum von Gefühlserfahrungen innerhalb der Bindung eher eng hält. Gefühlsgleichklang erhält erst durch die Kommunizierbarkeit einen ich-stützenden Effekt, da diese bedeutet, daß man im Sinne einer Umweltkontrolle und der damit gegebenen Kompetenzerfahrung Gefühlsgleichklang bis zu einem gewissen Grad aktiv entsprechend dem jeweiligen eigenen Bedürfnis herstellen oder vermeiden kann oder zumindest seine erlebte Intensität beeinflussen kann, anstatt ihn nur zufällig vorzufinden oder auch nicht.

Gefühlsübernahme

Bei der Gefühlsübernahme ist vorwiegend nonverbales, vorbewußtes Wahrnehmen gegeben, wobei zumindest eine diffuse globale Ich-Andere-Differenzierung vorliegt. Bei der Gefühlsübernahme werden die induzierten Emotionen nicht wie bei der Gefühlsansteckung in das eigene Erleben integriert und als solche als eigenes erfahren, sondern sind zwar am eigenen Leib, durchaus mit vegetativen, endokrinologischen Reaktionen einhergehend, aber ohne, daß diese eine kongruente Entladung in Expressivität, die sich verständlich kommuniziert, finden können, dennoch spürbar Nicht-ich und bleiben im Erleben fremd. Dies scheint sich besonders bei widersprüchlichen Signalen zu ereignen, wenn der nicht verbal kommunizierte Inhalt von emotionaler Dominanz ist. In diesem Zusammenhang sind auch die Doppelbindungstheorien von *Bateson* und *Jackson* (1956) in schizopräsenten Familien zu sehen. Hierbei kann es sich um übernommene Inhalte handeln, die auch im Sender auf widersprüchlichen emotionalen Regungen, die unverwoben nebeneinander stehen (*Binder/Binder*, 1991), beruhen, oder auch um solche, die der Empfänger nicht geordnet bekommt.

Gefühlsübernahme ist an sich ein weder beziehungs- noch bindungsorientiertes Phänomen, das man sich gewissermaßen als nicht integrierbare Gefühlsansteckung vorstellen muß, da das ansteckende Gefühl nicht zum eigenen werden kann. Gefühlsübernahme ist gewissermaßen ein unvollständiger nicht zum Abschluß findender Empathieprozeß, bei dem der andere nicht als solcher erkennbar eingefühlt werden kann, wobei aber dessen reale oder vom Empfänger erlebten Unstimmigkeiten sich als Unstimmigkeiten im eigenen Erleben manifestieren. Indem Gefühlsübernahme verstärkt auftritt im Zusammenhang mit Personen/Situationen, die widersprüchliche Signale senden, aktiviert sie im Betroffenen Mechanismen, die eine Lösung suchen. Nach *Janzarik* (1983) wächst die "projektive Potenz" mit Vieldeutigkeit, Ambivalenz bzw. Uneindeutigkeit in bezug auf eine faßbare Kommunikationsabsicht.

Die Gefühlsübernahme führt tendenziell zu stark affektiven und im Sinne einer klaren Ich-Andere-Abgrenzung zu schwer einordenbaren Phänomenen von Unstimmigkeit und Verwirrung. Damit begünstigt sie auch quasi als Lösungsversuch das Auftreten wahnhafter Interpretationen. In psychotischen Zuständen ereignet sich Erleben nach diesem Muster nicht nur aktuell in der Situation, sondern vielmehr im Zusammenhang mit verschiedenen Inhalten und Themen, assoziativ entlang lebensgeschichtlichen, früheren, erinnerten, ungelösten Gefühlsübernahmen mit entsprechender, nicht in der gegebenen, aktuellen Beziehungssituation verankerter Eigendynamik und kann so, sowohl inner-psychisch als Halluzination als auch auf die Umwelt gerichtet paranoid, geradezu habituell werden.

Patienten aus dem schizophrenen Formenkreis reden oft mit sich selber ununterbrochen kontrovers. D.h., jedes Gefühl, jeder Gedanke ist an sich eindeutig und intensiv - Relativierungen, Differenzierungen, Ambivalenzen sind nicht als solche erlebbar - und ruft dann sofort ebenso intensiv entgegengesetzte Gefühle/Gedanken hervor. Hierbei wird die eine Position meist mit einer gewissen Kontinuität als eigene, als "Ich" erlebt, die andere behält den Charakter einer nicht loszuwerdenden, ich-fremden, quälenden Störung.[29]

Gefühlsübernahme ist in der frühen Kindheit ein relativ häufiges Phänomen. Es wird wohl jedes Kind in der Entwicklung mit Personen/Situationen konfrontiert sein, die ihm emotional und kognitiv schwer integrierbar und faßbar sind, und dennoch hohen Aufmerksamkeits- und Erregungswert haben. Dies dürfte vor allem in der Phase beginnender, aber noch nicht definitiv erreichter Ich-Andere-Differenzierung gegeben sein und auch im Verlauf in Situationen/Zuständen, wo die diesbezüglichen Grenzen etwas

aufgeweicht sind. Eine konstruktive Bewältigungsstrategie hiefür ist im kindlichen Rollenspiel gegeben.
Beim affektiv-emotional sehr intensiven Rollenspiel, in dem das Kind entweder einen Aspekt überzeichnet und damit Prägnanz erreicht oder auch hintereinander mehrere interagierende Personen darstellt, kann je mit phantasierter oder auch erinnerter, jetzt eindeutiger Gefühlsübernahme eine hohe Identifikation erreicht werden. Dies kann aktuell mit großer Erregung einhergehen, wobei es aber durchaus der Bewältigung von noch überfordernden, belastenden Themen und Emotionen dient und so von diffusen Gefühlsübernahmen, indem diese im Spiel durch distanzierende "als-ob-Qualitäten" eine klare Ich-Andere-Zuordnung erfahren, befreit.
Gefühlsansteckung, Gefühlsreaktion, Gefühlsgleichklang und Gefühlsübernahme (wenn diese z.B. im Rollenspiel distanzierend bewältigt und als Bestandteil sozialer Wahrnehmung integriert wird) finden im Normalfall einen Weg in ihre expressive Repräsentation mit kommunikativem Effekt. Damit können sie als Bestandteil sozialer Interaktionen auch in der Selbsterfahrung als differenzierbare, benennbare Emotionen innerpsychisch identitätsentwicklungsfördernd wirksam sein und auch im Austausch soziale Erfahrungen und Empathiefähigkeiten erweitern.
Gefühlsansteckung und Gefühlsübernahme haben einen dominanten Stellenwert in der frühen Entwicklung, gehen aber im Verlauf nicht verloren.
Gefühlsgleichklang und Gefühlsreaktionen sind nicht an ein bestimmtes Entwicklungsstadium gebunden.

Ich denke, daß bereits die Erkenntnisse über diese Empathievorformen und verwandten Reaktionen uns helfen können, manches, was uns spontan so schwer zugänglich ist, vom Erleben unserer Patienten besser zu verstehen.

Zwei Beispiele:
Stellen wir uns z.B. einen psychotischen Menschen vor, der erwachsen ist; seine Wahrnehmungsfähigkeit hat sich enorm verbessert und differenziert, hier scheint er sogar geradezu über seismographische Fähigkeiten zu verfügen. Sein Bewegungsradius hat zugenommen und damit die Vielfalt der Dinge und Menschen, die ihm begegnen; seine kognitiven Möglichkeiten sind voll entwickelt; sein Erleben aber hat aus irgendwelchen Gründen immer noch eine fatale Tendenz behalten, nach dem Muster der Gefühlsansteckung zu funktionieren - bei der er ebenso wie eh und je nicht in der Lage ist, Kontinuität in seinem eigenen Erleben aufrecht zu halten. So labilisiert, ist er auch noch vielfältigen Phänomenen und Gefühlsübernahmen ausgesetzt, dies umso mehr, je weniger er sich Ausdruck und Verhalten anderer als auf sich bezogen oder nicht zu deuten weiß. Liegt es dann nicht nahe, daß er ein kompliziertes System erfindet, mit dem er erklärt, wie und warum ihm andere Menschen ständig so merkwürdige Empfindungen schicken? Erst passiert ihm die Ansteckung, die mit großer Verwirrung einhergeht, denn er ist auch so weit Erwachsener, daß er - wenn auch nicht immer so sicher - durchaus überhaupt Gefühle, die von innen aufsteigen, von solchen, die von außen induziert sind, unterscheiden kann. Hinzu kommt, daß er inzwischen sehr wohl weiß, daß seine mitmenschliche Umgebung ihm nicht immer nur wohlgesonnen ist; über ein infantiles Urvertrauen verfügt er nicht mehr. Er antwortet also mit einer aus seinem System heraus durchaus verständlichen, angemessenen Gefühlsreaktion. Und dann kommt er nicht selten in die geschlossene Abteilung.
Oder aber ein Patient, der seit seiner Pubertät an einer Erythrophobie leidet, schildert seine Mutter als ausgesprochen expressiv emotional stimulierend und akzeptierend, aber vor allem dem Vater gegenüber als unterwürfig, ängstlich, konfliktvermeidend und schwach, und ihm selbst gegenüber als überbehütend und nachgiebig.

Wir können annehmen, daß hierdurch seine Empathiefähigkeit im frühkindlichen Stadium gut gefördert wurde.
Den Vater beschreibt er - und hier erinnert er sich besonders genau an Ereignisse aus der Schulzeit - als jähzornig und zu unberechenbaren, willkürlichen, abwertenden und zum Teil auch gewalttätigen Gefühlsreaktionen neigend, wobei vor allem Erlebnisse von Beschämungen im Vordergrund standen. Als besonders demütigend empfand er es, wenn er dann weinen mußte.[30] Dieser Mensch befindet sich nun oft in Konflikten zwischen sensitiv mitschwingenden, angesteckten bis stellvertretenden affektiv emotional empathischen Reaktionen mit geringer Ich-Andere-Differenzierung und Abgrenzung - er schämt sich z.B. intensiver für andere, als diese es selber tun -, eigenen Gefühlsreaktionen mit starker Tendenz zur Expressivität und einem ausgesprochenen Bedürfnis nach Kontrolle expressiver Emotionalität. Dieser Konflikt findet dann im Symptom einen Ausdruck, kann aber so nicht in einem innerpsychischen Prozeß von Emotionsabläufen bearbeitet werden, sondern hat - indem das Symptom des Errötens als so peinlicher Kontrollverlust erlebt wird - eher eine sich selbst verstärkende Wirkung.
Ich denke, daß dieses in der Pubertät relativ häufige Phänomen im Laufe der Entwicklung oft dadurch zurücktritt, daß die Fähigkeit zum empathischen Verstehen des anderen auf der Grundlage der Wahrnehmung von dessen Individualität und Persönlichkeit durch soziale Erfahrung und eigene Identitätsentwicklung zunimmt. Weiß man z.B., daß der andere, so wie er im Gegensatz zu einem selber ist, sich überhaupt nicht schämt, so erübrigt sich die diesbezügliche empathische Reaktion. Hinzu kommt sicher auch ein entwicklungsbedingter Zugewinn an der Fähigkeit, Emotionen frühzeitiger und differenzierter erkennen zu können, so daß sie sich weniger impulsiv eruptiv ereignen und so besser willentlich zu kontrollieren und zu steuern sind, was erlebnismäßig etwas anderes darstellt, als unterdrücken.

Motor-Mimicry
Sehen wir einmal von unwillkürlichen, rein vegetativ physiologisch sich ereignenden Ausdruckssignalen ab (Pupillenveränderungen; rot oder weiß werden etc.), so ist Ausdrucksverhalten - und zwar unabhängig von bewußter motivationaler Steuerung - als arteigene Kommunikationsform zu betrachten. Ausdrucksverhalten als arteigene Kommunikationsform bedarf der Stimulierung, damit es sich in seiner passiven und aktiven Interaktionsfunktion ausdifferenzieren kann. Eine solche Stimulierung ist im *Motor-Mimicry* gegeben. *Motor-Mimicry* wird als Bewegungsimitation (*motor imitation*) bereits 1895 von *Baldwin* beschrieben: "Emotion, we have seen to be, largely, in its qualitative marks, a revival product, a clustering, so to speak, of organic and muscular reverberations about relived elements of contact ... The sight of the expression of emotion in another stimulates similar (motor) attitudes directly in us, and this in turn is felt as the state which usually accompanies such a reaction." (In: *Goldstein* und *Michaels*, 1985, S. 63).
Lipps (1926), auf den der Begriff Einfühlung zurückgeht,[31] sieht im *Motor Mimicry* eine wesentliche Komponente für Empathie, wobei er auch davon ausgeht, daß die motorisch/mimische Imitation, indem sie eine Entsprechung in den eigenen Muskeln des Beobachters beinhaltet, in diesem dieselben Empfindungen hervorruft und so als Schlüssel für das Erkennen der Empfindungen des anderen dient. Bei *Motor-Mimicry* oder - speziell im Umgang von Mutter und Kind - der sogenannten biologischen Spiegelung oder dem *affect-attunement* nach *Stern* (hierbei imitiert die Mutter begleitend das Ausdrucksverhalten des Kindes, aber nicht im Sinne einer reinen Kopie, sondern mit Variationen, Überzeichnungen, Symbolisierungen oder auch Einbeziehung anderer Sinneskanäle), werden Emotionen und ihre Expression im sozialen Kontext angeregt.
In der frühen Entwicklung ist *Motor-Mimicry*, ähnlich wie Hautstimulierungen durch physischen Kontakt, lebensnotwendig für

die Entstehung von Bindung. So, wie der physische Kontakt notwendig ist, damit sich im Rahmen einer Bindung ein eigenes Körperschema entwickeln kann, so ist der mimische Kontakt erforderlich, damit sich auch im Rahmen einer Bindung ein über vegetativ physiologische Sensationen hinausgehendes Emotionsschema entwickeln kann. Hierbei ist für beide Formen der Kontaktaufnahme von entscheidender Bedeutung für eine adäquate Entwicklung, daß sich das Verhalten der Betreuungsperson empathisch, d.h. kindzentriert, entlang den geäußerten Bedürfnissen und Empfindungen des Kindes vollzieht. Eine typische Verlaufsform von *Motor-Mimicry* zwischen Mutter und Kind in der Säuglingsphase ist:

1. Imitation des kindlichen Ausdrucks unabhängig von seinem qualitativen Inhalt als expressive Spiegelung und expressive Verstärkung und Signalisierung von Gefühlsgleichklang.
2. Empathische Modulation des imitierten Ausdrucks; z.B. bei unglücklichem Gefühlsausdruck mitfühlendes Bedauern.
3. Gefühlsreaktion mit zur Imitation einladendem Ansteckungsangebot z.B. aufmunterndes, tröstliches Lächeln.

Alle drei Phasen sind geeignet, Bindung herzustellen.

Motor-Mimicry kann sich angesteckt, quasi empathisch automatisch vollziehen und eine entsprechende Emotion erlebbar machen. *Motor-Mimicry* im Sinne einer verstärkenden Emotionsbahnung als empathische Spiegelung oder auch Darstellung von Emotionen, die man phantasiert und kommuniziert, aber nicht notwendigerweise selber hat, erleichtert dem Kind eine erlebnismäßige Verknüpfung von vegetativ physiologischen Sensationen und ihrer Entsprechung im expressiven Ausdruck. So z.B. ist die Mutter, wenn sie den erstaunten Ausdruck ihres Kindes imitiert, keineswegs selber erstaunt. Imitiert sie hingegen das Lächeln des Kindes, so geht hierbei eine eigene Gefühlsreaktion mit ein, wenn sie das Lächeln beantwortet, so ist ihr wohl auch selbstorientiert nach Lächeln zumute. Im Regelfall nehmen in der

Mutter-Kind-Beziehung die wertneutralen, generellen *Motor-Mimicry*-Verhaltensweisen kontinuierlich zugunsten von selektiven, auch den eigenen Empfindungen der Mutter entsprechenden, mimischen Reaktionen und Spiegelungen ab und leiten so allmählich über von rein selbstorientierten Sensibilisierungen und Bindungsstimulierungen zu Wahrnehmungsdifferenzierungen im spezifischen zwischenmenschlichen Kontaktbereich. Bei zu geringer Ausprägung von empathischem *Motor-Mimicry* durch die Mutter kann es zum frühkindlichen depressiven Hospitalismussyndrom und zu Retardierungen und auch überdauernd zu Störungen in der Bindungsfähigkeit und später auch zu Defiziten in der Entwicklung bzw. Sozialisation der Empathiefähigkeit kommen. Aber auch ein in Ausmaß, Tempo und Qualität übersteigertes, extrem diskontinuierliches und damit nicht kindzentriertes expressives *Motor-Mimicry*-Verhalten der Mutter kann destruktive Folgen haben.

Unsere Hypothese hierzu ist:

Ein so überstimuliertes Kind kommt gewissermaßen bezüglich der Umsetzung vegetativ physiologischer Sensationen im Ausdrucksverhalten von seinem psychischen Erlebnistempo her einfach nicht mehr mit. Die unmittelbare kommunikative Bedeutung von Ausdrucksverhalten wird beschädigt. Eine naheliegende Reaktionsform ist Rückzugsverhalten im Hinblick auf Expressivität, ohne daß hierdurch auch die Stimulation im vegetativen, physiologischen Bereich aufgehoben wäre. Hiermit wird die Verbindung/Verknüpfung von physiologischer Erregung in einen expressiven, entsprechenden Ausdruck und damit in eine differenzierbare Wahrnehmung als Emotion unterbunden. Hierin liegt auch eine Verstehensmöglichkeit für das asymbiotische Näheverhalten von Psychosomatikern. Eine frühkindliche, extrem diskontinuierliche Überstimulierung mit geradezu erzwungenem Gefühlsgleichklang bedingt eine extreme symbiotische Bindung - für eher autonome Gefühlsregungen fehlen dem Kind hier gewissermaßen sowohl Energie als auch Zeit - bei gleichzeitig deutlich aversiven Strebungen in bezug auf die symbiotische Bindung und hoher Autonomiemotivation (*Binder/Binder*, 1991).

Motor-Mimicry und verwandtes Ausdrucksverhalten im Dienste kommunikativer Darstellungen

Ausdrucksverhalten nimmt bis hin zu übertriebenen Darstellungen ohne Echtheitsverlust in dem Maße zu, als andere Kommunikationsformen erschwert sind (Sprechen mit sehr kleinen Kindern, Angehörigen anderer Sprachen etc.). Ausdrucksvermittelte Emotionalisierung in der Darstellung, beim Erzählen, Vorlesen etc. appelliert an ursprünglichere, stark affektiv besetzte Verstehens- und Einfühlungskanäle (nach *Hoffman*, 1987, entstehen die Fähigkeiten zu Empathie und Perspektivenübernahme eindeutig aus affektiven, emotionalen Quellen und werden erst viel später kognitiv überlagert) und ist dadurch, was die emotionale Einbindung und Lenkung der Aufmerksamkeit und des empathischen Mitschwingens angeht, neutralen verbalen Vermittlungen überlegen. Die Kategorie unecht oder theatralisch ist erst erfüllt, wenn der dargestellte Ausdruck motivational nicht die Verständlichkeit - kognitiv und emotional - des Kommunikationsinhaltes erhöht, sondern eine dahinterliegende Wirkungs- oder Kommunikationsabsicht zu verfolgen scheint, also manipulativ Emotionen wecken möchte, die weder im Sender kongruent gegeben sind, noch sich beim Empfänger bei akkuratem Verstehen selbständig ereignen könnten. Am Beispiel Kitsch, Werbung, Gefühlsmanipulationen aller Art, oder auch der Irritation bei dem Anblick von halluzinatorisch bedingtem mimischen Geschehen wird deutlich, daß empathisches Mitschwingen, wenn es im Verlauf nicht sinnvoll und befriedigend ist, ausgesprochen unangenehme Wirkungen hinterläßt, die oft mit diffusen körperlichen Mißempfindungen (Gänsehaut, Ekel, Furcht, Befremden etc.) verbunden sind.
Das Ausdrucksverhalten wird danach variiert, ob die Kommunikationsabsicht sich auf die unmittelbare Beziehung richtet oder als Verstehenshilfe oder Bekräfigung für etwas anderes dient.

Wenn man z.B. einem Kind vom großen, bösen Wolf erzählt, so senkt man bedrohlich die Stimme und guckt furchterregend und böse am Kind vorbei. Schimpft man das Kind, so guckt man es direkt böse an. Hierbei benutzt der Erwachsene bei der Darstellung, indem er die in der Erzählung vorkommenden Lebewesen empathisch phantasiert und auch die Situationen emotional auflädt, die dem Kind vertraute Methode von *Motor-Mimicry* und biologischer Spiegelung und regt damit emotionsverstärkend entsprechende Ausdrucksbewegungen beim Kind an, die so diesem das empathische Verständnis der Personen in der Erzählung und damit auch das Verstehen der ganzen Handlung erleichtern. Bei der Darstellung gruseliger und bedrohlicher Angelegenheiten folgt im Anschluß meist ein direkter Blickkontakt zum Kind mit beruhigender, lächelnder Beziehungsrückversicherung (*social referencing*). Die sich beim Ansehen von Filmen manchmal ereignenden Angstreaktionen und Übererregungen gehen auf das Fehlen dieser rückversichernden realen Beziehungskommunikation zurück. Schon sehr kleine Kinder sind im allgemeinen in der Lage, beziehungsorientiertes Ausdrucksverhalten von darstellungsbezogenem zu unterscheiden. Sie können meist willkürliches, von kommunikativer Absicht getragenes oder gar gespieltes Ausdrucksverhalten von unwillkürlichem, mit dem Affekt kongruentem, expressivem Geschehen unterscheiden, wobei letzteres in seiner Wirkung nachhaltiger und intensiver ist. So z.B. scheinen die mit starkem eigenen Ekel verbundenen Interventionen von Müttern in der Hygieneerziehung[32] zu der Verinnerlichung der entsprechenden Einstellungen mit derselben Gefühlsqualität beim Kind zu führen. Während die durchaus auch heftig und ausdrucksstark verlangten, eher vernunftgeleiteten Hygienevorschriften auch beim Kind lediglich affektneutrale diesbezügliche Gewohnheiten herauszubilden helfen. Hier dürfte es sich um Gefühlsansteckung handeln.

Irritationen im Senden und Empfangen von ausdrucks- und darstellungsbezogener Kommunikation

Bei Personen, die im Zusammenhang mit ihrer psychischen Störung Schwierigkeiten haben, die Ebenen von Ausdruck und Darstellung hinsichtlich der beziehungsorientierten Kommunikationsabsicht zu trennen, kann das gravierende Folgen für ihre sozialen Beziehungen haben. Das am inneren Dialog orientierte Grimassieren mancher schizophrener Patienten wirkt deshalb so irritierend, weil der Betrachter eine an ihn gerichtete kommunikative Absicht entschlüsseln will und scheitern muß.

Eine Patientin von mir, die an einer Borderline-Störung litt und aus einem Elternhaus stammte, in dem bei ständiger, dramatischer, emotionaler Verwicklung nahezu keine klare Kommunikation stattfand, pflegte dem Gesprächspartner - so als ob sie diesen auf der Interaktionsebene meine - ausdrucksmäßig ihre am eigenen Zustand, also entsprechend dem Thema, an dem sie gerade war, orientierte Stimmung voll ins Gesicht zu schleudern. Sprach sie über ihren "bösen" Mann, so sah sie mich an, als ob sie mich erwürgen wollte, lachte sie über irgendetwas, so fühlte man sich ausgelacht usw. Kein Wunder, daß sie in ihrer außertherapeutischen Umwelt keinen Arbeitsplatz halten konnte, gemieden, abgelehnt und vor allem permanent mißverstanden wurde, was ihr wiederum völlig unverständlich war. Störungsspezifisch betrachtet sind hier zwei Aspekte wichtig: Weil ihr keine relevante Bezugsperson etwas erzählt hatte, was ihr die Welt empathisch verständlich gemacht hätte, war ihr Ausdrucksverhalten nur auf der direkten Beziehungsebene bekannt. Sie hatte also hinsichtlich arteigenem Ausdrucksverhalten und seinen situativen Variationen ein Defizit. Auf der Beziehungsebene hatte sie ausgesprochene Schwierigkeiten in bezug auf die Regelung von Nähe und Distanz. Die jeweils andere anwesende Person war ihr so wenig einfühlbar und spürbar, daß es ihr so nahezu unmöglich war, ihr Verhalten entlang der jeweiligen Interaktion entsprechend zu steuern. Gleichzeitig, oder auch eben deshalb, war ihr die andere

Person so überpräsent, daß sie sich keine Sekunde aus dem beziehungsgerichteten Agieren lösen konnte. Dieser Patientin mangelte es in sehr vielen menschlichen und zwischenmenschlichen Bereichen an Informationen und Erfahrungen, die sich im Regelfall lebensgeschichtlich ganz unauffällig, quasi von selber und nebenbei einstellen. Dies ist bei einigen Patienten mit schweren psychischen Störungen, die in einem kommunikativ verwirrenden oder defizitären Milieu aufgewachsen sind, in oft verblüffender Weise der Fall.
Nachholendes Informieren, Erklären und verständliches, emotionales *feed-back* kann hier zunächst zumindest bereichsspezifisch sehr hilfreich sein. Hiermit ist nicht Verhaltenstraining gemeint, sondern vielmehr ein Angebot, wie sich die Betreffenden durch besseres Verständnis von sich selbst und anderen vor unwillkürlichen, unbewußten Wiederholungen von Verhaltensweisen und deren destruktiven Folgen besser schützen können. Wie stark bei Patienten mit Störungen aus dem schizophrenen Formenkreis Ausdrucksverhalten oft nur auf der Beziehungsebene interpretiert wird und welche Abhängigkeiten sich hieraus ergeben können, möchte ich noch an einem anderen Beispiel verdeutlichen.
Eine Patientin, die an paranoiden Wahnvorstellungen leidet, interpretiert neutrales Ausdrucksverhalten (auf der Straße, in öffentlichen Verkehrsmitteln etc.) fremder Personen als abweisend und feindselig und reagiert mit Angst. Hierbei scheint ihr Gefühl ähnlich gelagert wie bei der Fremdenangst von 8 Monate alten Kindern, um dann erst im Verlauf mit aus der Erwachsenenwelt stammenden paranoiden Vorstellungen verknüpft zu werden. Ebenso reagiert sie mit spontanem Wohlgefühl, wenn sie das Ausdrucksverhalten als aktiv positiv auf sich gerichtet erlebt, und ist dann angstfrei. Als attraktive erwachsene Frau gelingt es ihr, andere Personen zu dem für sie geradezu überlebensnotwendigen Ausdrucksverhalten - liebevoller Blickkontakt, Anlachen etc. - zu bewegen, wenn sie intensive Flirtsituationen herbeiführt, was sie verständlicherweise als einziges Mittel gegen die Angst,

wo und mit wem immer möglich, auch tut. Hierdurch gerät sie häufig versehentlich in sexuelle Situationen, die sie weder intendiert noch überblickt hat, und denen sie sich überhaupt nicht gewachsen fühlt, so daß sie eben durch ihre Methode psychisches Gleichgewicht aufrechtzuerhalten, Auslöser für neue psychotische Zusammenbrüche schafft. Therapeutisch relevant ist in diesem Fall das Wissen über ihre störungsspezifischen Empathie-Erlebnisweisen, um sie in ihren Gefühlen und Reaktionen besser zu verstehen und auch, um in der therapeutischen Situation ihren Bedürfnissen adäquat zu entsprechen, indem ich mich bemühe, auch nonverbal eine stetige, zuverlässige positive Zugewandtheit so zum Ausdruck zu bringen, wie sie es versteht, also mimisch eindeutig, aber gemäßigt.

Motor-Mimicry als "vorbewußte" empathische Kommunikation

Der kommunikative Aspekt von *Motor-Mimicry* ist von *Bavelas et al.* (1990) untersucht worden. Bei dieser Untersuchung ergab sich, daß die mimischen Reaktionen und automatischen Mitbewegungen bei Blickkontakt signifikant zunahmen.[33] *Motor-Mimicry* wird von einigen Autoren verstanden als primitivste Form der Empathie. Sie vollzieht sich oft quasi reflektorisch. Gleichwohl sind bestimmte Regelhaftigkeiten nachweisbar, die die Interaktionsprozesse erkennbar und zuverlässig gestalten, so z.B. sind die Körperhaltungen bei Interaktionsprozessen mit Annäherung und Gleichklang meist synchron. Das Einnehmen einer asynchronen Haltung signalisiert Veränderung, z.B. Themenwechsel etc., bzw. Beendigung des Gleichklanges. Nach *Scheflen* (1980) ist extreme Synchronizität ohne Kommunikation charakteristisch für symbiotisch verwickelte schizopräsente Familien. Ein solcher symbiotischer Gleichklang kann bedrohliche Veränderungen verhindern, bzw. soweit - wie statisch auch immer - Beziehungsersatz darstellen, daß die Defizite in Schach gehalten werden, und er kann auch zur Erstarrung in Spannung führen. Insgesamt muß man sich deutlich machen, daß - so schön das Wort Gleichklang auch klingt - Synchronizität im Guten wie im Schlechten wirksam sein kann; man kann sich nicht nur zusammen in Ruhe schaukeln, sondern durchaus auch hoch und bis zum Schwindeligwerden. Sich diese Dinge bewußt zu machen hat therapeutisch für mich unter anderem eine Bedeutung im Umgang mit Patienten mit Nähe/Distanz-Problemen, da sich hierdurch oft konstruktive Möglichkeiten ergeben, die beiden Bereiche verbal und nonverbal so zu vermitteln, daß das Gesamtniveau angstfrei bleibt.

Situative Perspektiveninduktion

Bischof-Köhler (1989) meint mit situativer Perspektiveninduktion diejenigen Vorgänge, bei denen das Erleben einer Person sich so vollzieht, als ob die Situation des anderen die eigene wäre. Die situative Perspektiveninduktion setzt also nicht notwendigerweise eine Ich-Andere-Differenzierung voraus, sondern lediglich Erkennen und affektives Mitschwingen bei erlebter und/oder auch kommunizierter Verwandtschaft, durch die das der Situation ausgesetzte Objekt/Subjekt eine Identifikation möglich macht.[34] Die situative Perspektiveninduktion scheint auch im Erwachsenenleben immer dann vermehrt aufzutreten, wenn der Gesamtzustand überdauernd oder aktuell etwas labilisiert ist und sich dadurch die Fähigkeit zur Abgrenzung verringert. Jeder kennt von sich z.B. nach Krankheiten, bei Schlafmangel und in psychischen und/oder physischen Erschöpfungszuständen eine Tendenz zu vermehrter Schreckhaftigkeit, übertrieben heftigem Mitgefühl, das wenig mit Tiefe zu tun hat, und ähnliches mehr. Diese Erlebnisweise tritt auch verstärkt auf in emotional besonders packenden Situationen, die wenig Distanzierungsmöglichkeiten beinhalten. Oft werden diese ja eben deshalb aufgesucht, weil persönlich risikofreie, intensive Erregung, die zuverlässig zu einem angemessenen Abschluß kommt, als durchaus angenehm empfunden wird.
Wenn z.B. im Kino ein Aufschrei des Entsetzens ausbricht, wenn

der Mörder in Sicht kommt, so ist sowohl situative Perspektiveninduktion im Sinne der unwillkürlichen Identifikation als auch verstärkend Gefühlsansteckung durch den simultanen Schrei der anderen am Werk. Weiterhin typisch ist das Auftreten von situativer Perspektiveninduktion in allgemeinen, wenig individuellen, eindeutigen Situationen; z.B. jemand verbrennt sich, stolpert etc., und der Beobachter kommentiert automatisch mit dem entsprechenden Schrei. Ich denke, ein ähnliches Phänomen ist gegeben, wenn Situationen/Wahrnehmungen auch in Abwesenheit anderer Personen bereits assoziativ in der Vorstellung affektiv emotionale Reaktionen hervorrufen. Der Anblick von Stromschnellen, Abgründen, Lawinen etc. aus ganz sicherer eigener Position kann über Identifikation mit vorgestellten Personen im Sinne einer situativen Perspektiveninduktion Angst auslösen. Derartige Assoziationen können eine Intensität erreichen, daß es zu phobischen Reaktionen oder auch überwertigen Ideen kommen kann. Ich habe hier bis jetzt noch keine voll befriedigende störungsspezifische Entsprechung gefunden. Dennoch scheint das Phänomen, wenn es überrepräsentiert ist, gelegentlich zu einer wenig konstruktiven Lebenseinengung in Richtung Phobie beizutragen. So z.B. berichtete mir eine Patientin, sie könne leider nicht ins Theater gehen, weil sie sich solche Sorgen mache, ein Schauspieler könne stecken bleiben, daß ihr alle Freude daran verdorben sei. Hierzu gehören auch die vielfältigen Klagen von Patienten, die keine Romane, keine Nachrichten und zunehmend immer weniger Umwelt vertragen können. Es scheint so etwas zu geben, daß situative Perspektiveninduktion als so allgegenwärtig im Leben durchschlägt, daß sich die Betroffenen unter einer emotionalen Reizüberflutung befinden, die Dauerstreßreaktionen hervorruft. Wenn dann die Dinge auch noch ihren antizipatorischen Lauf nehmen, d.h., wenn schon der Abgrund alleine zur Identifikation mit dem Gestürzten führt, dann hat die Sache phobische Ausmaße angenommen.

Empathie und Empathievorformen im Hinblick auf die Entwicklung des Selbst

Das Selbst entwickelt sich vor der Ich-Entwicklung, die eine klare Ich-Andere-Differenzierung voraussetzt, im Zusammenhang von Empathie bzw. Empathievorformen. Nach *Harre* (1979, in: *Hattie*, 1992) entsteht das Selbst in dem Moment, in dem sich die Mutter-Kind-Dyade formt. Indem die Mutter dem Kind Absichten, Bedürfnisse, Pläne etc. zuschreibt und sie stellvertretend übernimmt und ausführt, ist auch das neugeborene Kind Teil eines funktionierenden, kompetenten sozialen Individuums. Indem das Neugeborene also Teil eines "synthetischen", aber vollständigen Individuums ist, fließen auch Teile von vorläufigen Selbstempfindungen über. Und es kann auch davon ausgegangen werden, daß es Selbst-Systeme organisierende Gefühlslagen in Form frühester autonomer Selbstempfindungen gibt. Nach *Lewis* und *Brooks-Gunn* (1979, in: *Hattie*, 1992) ist im Alter von 0-3 Monaten der Beginn eines Interesses in soziale Objekte und damit von Selbst-Anderer-Unterscheidung gegeben.[35] Im Alter von 3-8 Monaten konsolidiert sich die Selbst-Andere-Unterscheidung, wobei es sich aber noch nicht um eine klare Differenzierung handelt. Diese entsteht dann im Alter von 8-12 Monaten. Hier beginnt eine deutliche Selbst- und Objektpermanenz mit spezifischen emotionalen Reaktionen und Erlebnisweisen - z.B. Fremdenangst, persongerichtete Zuneigung und Freude.

Bischof-Köhler (1985) schreibt: "In der Ontogenese hängt die Herausbildung eines Selbstkonzeptes in hohem Maße mit natürlichen sozialen Erfahrungen zusammen. Das Bild des Artgenossen scheint das notwendige Ausgangsmaterial zu sein, aus dem das Bild des Selbst konstruiert wird. Dieser Prozeß wird beim Kleinkind durch seine Bezugspersonen unterstützt. Sie zeigen nämlich eine ausgesprochene Tendenz, sein Verhalten zu imitieren und beschreibend zu kommentieren." (In: *Mogel*, 1990, S. 66). Das Selbst entwickelt sich auch aufgrund von Erfahrungen, bei denen - wie auch immer vorbewußt - Zusammenhänge erfaßt werden

zwischen Aktionen und deren Effekten, wenn diese wiederholbar simultan und identisch ausgelöst werden. *Coe et al.* (1983) kamen bei der Untersuchung von vom Muttertier getrennten Affenkindern zu folgenden Ergebnissen: Das Fehlen von adäquaten mütterlichen Reaktionen führt zu einem Mangel in bezug auf Kontrolle und Vorhersagbarkeit besonders in Streßsituationen und reduziert die spätere Fähigkeit, mit Streß-Situationen umzugehen. Die endokrinologischen Reaktionen der Affenkinder nahmen mit der Dauer der Trennung zu, wobei das Schreien der Affenkinder in der Anfangsphase am heftigsten war, um dann bei Erfolglosigkeit kontinuierlich abzunehmen. Das Schreien hat neben dem unmittelbaren Signaleffekt auch die Funktion, daß hiermit Einwirkungskompetenz geübt wird. Die frühe Deprivation des Sozialkontaktes führte in späteren sozialen Situationen zu nicht angemessenem Durchsetzungsverhalten, inadäquater Kommunikationsfähigkeit, undifferenzierten sozialen Beziehungen und Aggressivität auf niedrigem sozialen Niveau und Störungen im sexuellen Bereich und in der Brutpflege.[36]
Die Selbst-Andere-Unterscheidung ist an die Erfahrungen gebunden, daß eigene Aktivitäten und emotionale Zustände zu vorhersehbaren, also aktiv auslösbaren Reaktionen in anderen führen, die dann wiederum Veränderungen eigener Aktivitäten/Zustände/Befindlichkeiten zur Folge haben. Diese Abläufe sind an Empathie der Betreuungsperson und an Vorläufer empathischen Erlebens im Kind gebunden. Kompetenz- und Selbstwertgefühl sowie Umweltkontrolle begünstigen die Fähigkeit zu Empathie und prosozialen Verhaltensweisen. Die Früherfahrungen von Empathie und Empathievorformen sind eine funktionelle Vorbedingung für die Selbstentwicklung und stellen somit auch eine Basis dar, die die spätere Ausformung der Disposition zur Empathie günstig beeinflussen kann.

Empathie auf der Basis der Ich-Andere-Differenzierung

Ausgehend von einer phänomenalen Begriffsbestimmung von

Bischof-Köhler (1989, S. 26) ist Empathie:[37] "Die Erfahrung unmittelbar der Gefühlslage eines anderen teilhaftig zu werden und sie dadurch zu verstehen. Trotz dieser Teilhabe bleibt das Gefühl aber anschaulich dem anderen zugehörig." Empathie in diesem Sinne ereignet sich in engem Bedingungszusammenhang mit der Ich-Andere-Differenzierung. Diesen Nachweis hat *Bischof-Köhler* (1989) in einer empirischen Untersuchung erbracht: Wer sich im Spiegel erkennt - bei Kindern ist dies im Alter von 16-24 Monaten der Fall - ist empathiefähig. Die in der frühen Kindheit auftretenden Empathieformen sind meist vorwiegend affektiv geprägt und sehr stark am Ausdrucksgeschehen orientiert, wobei die Situation, sofern sie dem Erfahrungsbereich des Kleinkindes zugänglich ist, das Verständnis sehr erleichtert. Das affektiv emotionale empathische Reagieren erreicht etwa im Alter von 3 Jahren seinen absoluten Höhepunkt und ist dann während der Entwicklung[38] von vermehrter Fähigkeit zu kognitiver Perspektivenübernahme, auf die ich später eingehen werde, und mit zunehmenden Handlungsmöglichkeiten nicht mehr unbedingt die dominanteste Empathieform, ohne aber an Intensität zu verlieren.
Hierzu ein Beispiel: An einem heißen Samstag im überfüllten Supermarkt, mit entsprechend langen Schlangen an den Kassen, fängt ein Baby an, furchtbar zu schreien. Die anwesenden Erwachsenen schauen hin und stellen fest, daß es sich wohlbehütet auf dem Arm seiner Mutter befindet, und sind so in der Lage, das Ereignis emotional zu desaktualisieren. Ein etwa 2jähriges Mädchen aber gerät in einen Zustand höchster empathischer Erregung, es zupft an seiner Mutter, denkt, kommentiert etc. D.h., es ist weder in der Lage, die Situation so zu erfassen, daß eine affektive Entspannung möglich ist, noch fähig, etwas prosozial Wirkungsvolles zu unternehmen, noch kann es sich von der Quelle seiner unangenehmen Gefühle entfernen. Schließlich fängt es selber an, bitterlich zu weinen. Es ist also in einen Zustand der Gefühlsansteckung zurückgefallen und durchlebt etwas, was als *personal distress* anstelle von Empathie bezeichnet wird.

Personal distress[39]

Nach *Eisenberg* (1990) kann *personal distress* unabhängig von Empathie auftreten oder als Folge einer ursprünglich empathischen Reaktion. Letzteres ist der Fall, wenn die ursprüngliche empathische Erfahrung zu einer aversiven Reaktion führt, was konsequenterweise bedingt, daß sich das betreffende Individuum nun vor allem dem eigenen Gefühlszustand zuwendet. *Personal distress* kann dazu führen, daß der empathische Bezug ganz einfach abhanden kommt und das betroffene Individuum ganz am eigenen Gefühl orientiert Trost und Aufmerksamkeit sucht. Er kann zu aversiven Reaktionen führen, d.h., die auslösende Situation wird schnellstmöglich verlassen und in Zukunft vermieden. Und er kann auch zu aversiven Reaktionen aggressiver Art führen. Kognitive situative Perspektivenübernahme ermöglicht eine entlastende Bewertung und Einordnung, die, wenn der affektive Aspekt verloren geht, sowohl an Intensität als auch an entwicklungsfördernder Selbsterfahrung verliert, aber Desaktualisierungsfähigkeiten im Alltag erhöht und *personal distress* Reaktionen verringert.

Personal distress und in der Folge oft Aggressionen stellen sich dann ein, wenn wir empathisch eine intensive emotionale Berührtheit weder auf der Handlungsebene ändern können bzw. wollen, noch in einem emotionalen oder kognitiven Prozeß verändernde Bewältigungsstrategien finden. *Personal distress* kann auch ausgehend von ursprünglich intensiv affektiv emotionaler Empathie zu einer Reaktion von "empathischem Ärger" (*Hoffman*, 1990) führen.

Hierzu noch ein Beispiel: Eine hoch kompetente Krankenschwester, die auf der Intensivstation eines Unfallkrankenhauses unter anderem auch mit Kindern arbeitet, ist in der Lage, mit ihren Patienten, gleichgültig wie erschütternd der jeweilige Zustand gerade ist, mit Geduld, Souveränität und guter Laune so fleißig handlungsorientiert umzugehen, daß sie bei Kollegen des hohen Anspruchs und ihrer nicht immer freundlichen Antreiberei wegen nicht sehr beliebt ist. Eines Tages kommt sie in Tränen aufgelöst in Therapie. Sie ist unterwegs an einem Schild vorbeigekommen, auf dem der Hinweis stand, daß hier vor zwei Wochen ein Kind beim Überqueren auf dem Zebrastreifen nicht über-, sondern angefahren worden sei. Meine Patientin konnte sich kaum von der Vorstellung distanzieren und überführte sie schließlich - nach langem Weinen - in heftige Aggressionen auf Autofahrer, Polizisten, Stadtplaner, Männer und schließlich Menschen überhaupt. Mit anderen Worten, da es hier nichts zu handeln gab, konnte sie ihre empathische Erregung schließlich - um wenigstens wieder in einen Prozeß einzutreten - in empathischen Ärger überführen. Sicher war diese Extremreaktion nicht ganz unabhängig von dem belastenden Alltag zu verstehen. Es wird hier deutlich, daß bei zu einseitigem, ständigem "Wegdrücken" von emotionaler, empathischer Erregung zu Gunsten von Handlungskompetenzen, die durchaus selbstachtungsfördernd sind - sie war sehr stolz auf ihre Disziplin -, gelegentlich, und dann ganz schutzlos und sehr heftig, andere Ventile gesucht werden. Hierbei scheint empathischer Ärger, der zumindest nicht zu einer ich-schwächenden, emotionalen Auflösung führt, in Situationen, wo die Handlungsfähigkeit erhalten werden muß und aus dem Felde gehen auch nicht möglich ist, als emotionale Abwehrreaktionen gewählt zu werden.

Schuldgefühle unter dem Aspekt der Empathieentwicklung

Ich gehe wie *Hoffman* davon aus, daß Schuldgefühle nicht unbedingt im psychoanalytischen Sinne und auch nicht nach dem Muster von Konditionierungen entlang Lob und Strafe zu verstehen sind, sondern sich aus den vielfältigen Facetten arteigenen, empathischen Erlebens ergeben. Empathisches Erleben ist in seinem Entstehen affektiv emotional teilhabend und unmittelbar auf Ausdruck und Situation des anderen - ob dies nun bewußt ist oder nicht - bezogen spontan, d.h. keineswegs an kulturell überlieferten moralischen Prinzipien orientiert. Empathischer Ärger kann sich - je kleiner das Kind ist und damit unfähiger, alle Perspektiven einzunehmen, umso mehr - durchaus auch auf das Opfer richten. Schuldgefühle entstehen demnach ursprünglich nicht durch Verstöße gegen kulturelle, internalisierte Ge- und Verbote[40], sondern sind das Resultat einer Aktion, die anderen - manchmal auch sich selbst im Sinne eines gedachten anderen - Kummer oder Schaden bereitet, was empathisch eingefühlt wird und als empathischer Ärger auch auf sich selbst wirksam werden kann. So betrachtet wird verständlich, daß Schuldgefühle eher gering sind, wenn man Böses will und es auch tut, da dieses in Übereinstimmung mit der eigenen Gefühlslage und damit in Kongruenz mit der jeweiligen empathischen Sicht der Dinge steht. Es ist stimmig im Beziehungserleben und kommuniziert damit kongruent, daß man dem anderen Feind ist. (Jeder kennt die unerfreuliche Situation, wenn Kindergruppen - ohne sinnvollere Begründung als etwa, daß dieses Kind neu sei und man es deshalb nicht wolle - gemeinsam, absichtlich und ganz ohne Schuldgefühl quälen.) Demgegenüber entsteht starkes Schuldgefühl, wenn die Tat und ihre Auswirkung auf den anderen weder in einem kommunikativen Kontext stimmig ist, noch der eigenen Gefühlslage entspricht, noch der Absicht, d.h. Ausdruck von Irrtum und Versagen ist (dies auch, wenn sich diese Einsicht zeitlich verzögert einstellt). Demnach vollzieht sich das Auftreten von Schuldgefühlen geradezu entgegengesetzt der gängigen Moral, daß man bei böser Tat mit Absicht besonders schuldig sei. Die Tatsache, daß die Absichtslosigkeit oft so tränenreich beteuert wird, ist verständlich, da derjenige, der von empathischem Ärger auf sich selbst gebeutelt ist, dringend Verteidigung und Trost braucht. Quälende Schuldgefühle sind bei depressiven Zuständen häufig ein zentrales Symptom. Eine Komponente hiefür ist darin zu sehen, daß Depressive lebensgeschichtlich bedingt[41] meist stark darauf ausgerichtet sind, mit den für sie relevanten Bezugspersonen ein gewisses Ausmaß an Gefühlsgleichklang und Basisharmonie herzustellen (*Binder/Binder*, 1991). Dementsprechend orientieren sie sich häufig konfliktvermeidend hoch empathisch an den jeweiligen Bedürfnissen und Stimmungen der aktuell im Vordergrund stehenden, anwesenden anderen; und dies oft unter Vernachlässigung der eigenen Person oder auch auf Kosten der Empathie in andere, die, was die Aufrechterhaltung einer konfliktfreien Basisharmonie angeht, weniger relevant sind, - wobei ihnen dies erlebnismäßig bewußt ist und sie auch die entsprechenden Gefühle haben, ohne sie zu äußern. So gesehen liegt der typische Konflikt, der zu depressiven Schuldgefühlen führt, darin, daß empathischer Ärger auf sich selbst entsteht, da man sich selbst und/oder andere nicht angemessen empathisch verstanden, geschweige denn danach gehandelt hat, sondern vielmehr sich selbst und/oder andere aus Konfliktfeigheit verraten, vernachlässigt und im Stich gelassen hat. Das Selbstwerterleben scheint stark abhängig zu sein von Stimmigkeit (*congruence*) und Kompetenzerfahrungen im Sinne von gezielter Umweltkontrolle und Einwirkung; demnach ist unabsichtlich Kummer und Ärger bereiten im Erleben als Inkompetenz selbstwertschädigend wirksam. Diese Inkompetenz nimmt man sich um so übler, je intensiver man an empathische Erregung ausgeliefert ist. Ein Selbstbild, das von geringem Vertrauen in eigene Handlungs- und Bewältigungskompetenzen geprägt ist, begünstigt ein Verharren in empathischer Gefühlsüberwältigung. Dieses Verharren kann - ich denke hier vor allem an depressive Zustände - so qualvoll werden, daß als einzige Rettung der universelle Anspruch an derartiges verhindernde Handlungskompetenzen entsteht. Und eben hiermit ist ein sich selbst erhaltender *circulus virtuosus* eingetreten. Übertragen auf die therapeutische Situation mit Depressiven heißt das, wir sollten weder die leistungsbezogene überfordernde Veränderungsbesessenheit noch die starre Unerträglichkeit vertiefen. Nach meiner Erfahrung ist oft eine, gemessen am emotional unübersehbar traurigen Zustand ganz unpassende, intellektualisierende Klärung aller beteiligten Details und Perspektiven sinnvoll. Die die jeweilige Lage differenzierenden, erwachsenen "Ja, aber ..." (sofern sie nicht ohne

Hierarchisierung endlos ablaufen), können Rationalisierungen sein, um eine unangenehme Empfindung, wie z.B. *personal distress*, emotionale Überschwemmung oder allzu großen empathischen Ärger, einfach los zu werden. Sie können aber auch den Empathieprozeß konstruktiv im Sinne einer Selbstexploration nach innen oder differenzierterem Verstehen des anderen (und *vice versa*) in Gang halten, bis Stimmigkeit - gegebenenfalls auch auf einer anderen Ebene - erreicht ist.
Stark ausdrucksbezogene affektive Empathie der frühen Kindheit und auch situative Perspektiveninduktion entsprechen bei dominantem prolongiertem Bestehen ohne Zugewinn von Distanzierungsfähigkeiten und Handlungskompetenzen aktuell dem Symptom der Affektlabilität und beeinträchtigen eher das Funktionieren auf der Ebene von angemessener Verstehens- und Handlungskompetenz. Realitätsangemessene Relativierungen dieser Qualität durch die Zunahme von Perspektivenübernahme mit stärker kognitiver Ausrichtung stehen im Dienste des realitätstüchtigen Funktionierens, wie es auf späteren Entwicklungsstufen, wenn der Aktionsradius größer wird, notwendig ist.

Die kognitive soziale Perspektivenübenahme[42]
Erste Ansätze kognitiver sozialer Perspektivenübernahme sind, vorausgesetzt, man untersucht im kindlichen Alltag, nach *Billmann-Mahecha* (1990) schon bei 2-3 jährigen Kindern beobachtbar. Mit zunehmender Ausdehnung des kindlichen Erfahrungs-, Handlungs- und Bewegungsspektrums nimmt die Fähigkeit zur Perspektivenübernahme kontinuierlich zu. Hierbei wird auf die Vorformen, bei denen sich über *Motor-Mimicry*, *affect attunement* etc. ein Artgenossenschema[43] eingerichtet hat, gewissermaßen aufgebaut.
Diese Wesensverwandtschaft bedeutet, daß das Erlebnis mit der synchronen Identität des anderen nicht nur dazu führt, den Artgenossen am Erscheinungsbild zu erkennen, sondern zu erfassen, daß er wie ein Artgenosse erlebt, d.h., es können Annahmen

gebildet werden, welche seiner subjektiven Erlebensweisen mit welchen Formen objektiven Verhaltens verknüpft sind. Die kognitive soziale Perspektivenübernahme bedingt, daß, ohne in jeder Situation den gesamten Ablauf von Emotionen - weder faktisch noch in der Vorstellung - notwendigerweise durchlaufen zu müssen, man nun ganz einfach weiß - und dies ist sehr viel weniger aufwendig -, daß z.B. wer Geschenke bekommt, sich freut, wer im Spiel verliert, sich ärgert etc. Hierdurch werden allmählich und immer unter der Voraussetzung des jeweiligen Erfahrungshintergrundes soziale Interaktionen antizipatorisch planbar. Damit ist also nicht nur die Möglichkeit zu emotionaler Entlastung gegeben, sondern die Umweltkontrolle nimmt extrem zu. Nicht nur wird das eigene und das fremde Verhalten in der Phantasie planbar und steuerbar, sondern es ergibt sich jetzt verstärkt der große Nutzen, aus der Erfahrung anderer lernen zu können, und zwar ganz ohne ein eigenes Risiko einzugehen.

Rollenspiel und seine Funktion in der Empathieentwicklung
Die neue Errungenschaft der Perspektivenübernahme tritt neben und nicht an die Stelle der spontanen, emotionalen ausdrucks- oder erlebnisorientierten Empathie. Sie scheint stärker zukunftsgerichtet und weniger für das aktuelle Erleben relevant, da sie ein gewisses Ausmaß an Distanz braucht, aufrechterhält und hervorruft. Diese Distanz können Kinder unter anderem durch spielerische als-ob-Handlungsabläufe erreichen. Kindliche Bewältigungsstrategien für emotionale Überschwemmungen folgen dem Muster der Introjektion und empathischen Verarbeitung im handelnden Rollenspiel. Diese spezifisch kindliche handelnde Bewältigungsstrategie scheint - analog erwachsener Handlungskompetenz als Mittel gegen *personal distress* - oft erforderlich zu sein, um den Gegenstand über Aktivität und Kommunikation zu desaktualisieren, um sich dann Neuem zuwenden zu können.
Zur Illustration das Beispiel von *Stefan* und dem Erdbeben: Stefan, ein etwa 7jähriger, saß gelangweilt mit seinem Vater im

Zug. Dieser bemühte sich nicht ganz ohne pädagogische Absicht, jedoch mit geringem Erfolg, Stefan für ein lehrreiches geographisches Gespräch zu gewinnen. Als hierbei schließlich das Wort "Erdbeben" fiel, kam Leben in das Kind. Stefan wiederholte langsam, wie beschwörend das Wort "Erdbeben" und begann, nachdem er sich lächelnd durch Blickkontakt der Aufmerksamkeit des Vaters versichert hatte, mit dem ganzen Körper zu wakkeln und zu zittern, wobei er offensichtlich gleichzeitig das "Erdbeben" selber und alle seine Opfer darstellte. Als das Geschehen schließlich abgeebbt war, sah Stefan nochmals abschließend lächelnd seinen Vater an. Danach nahm das Geographiegespräch mit einem etwas interessierten Stefan seinen weiteren Verlauf. Wir können dieses kindliche Verhalten auf der Ebene der Egozentrismustheorie und der damit verbundenen Unfähigkeit zu abstraktem Denken betrachten. Wir können es als altersentsprechende übermäßige Gegenwartsbezogenheit - vgl. hierzu reifungs- und störungsbedingte Eigentümlichkeiten im Zeiterleben im Sinne von *Melges* - sehen. Wir können es als assoziative Lockerung interpretieren; ein Phänomen, das wir als schizophrenietypisch kennen und das entwicklungspsychologisch im Zusammenhang mit Art und Ausmaß kindlicher Konzentrationsfähigkeit steht. Wir können es aber auch als altersspezifische Bewältigungsform intensiver emotionaler - zumindest empathieverwandter - Spannungszustände betrachten, die einer sofortigen, möglichst motorischen Erledigung bedürfen, die im Idealfall in eine sicherheitsgebende Beziehung eingebettet ist.
Stefans Verhalten entspricht ziemlich genau dem, was *Piaget* als kindlichen Egozentrismus bezeichnet: "Die gesamte vorkritische, also vorobjektive Haltung der Erkenntnis ... gleich, ob es sich um ein Erkennen der Natur, ein Erkennen der anderen oder des eigenen Ich handelt. In seinem Ursprung ist der Egozentrismus ... eine Art unbewußter Illusion, eine Art Perspektive" (*Piaget* in: *Billmann-Mahecha*, 1990, S. 23). Auch der kindliche Monolog wird von *Piaget* als Egozentrismus interpretiert. *Church* (1971,

in: *Billmann-Mahecha*, 1990, S. 24) geht hier noch weiter: "Egozentrismus bedeutet Befangenheit in der eigenen Sicht, ohne jedes Bewußtsein dafür, daß ein Urteil mehr von dieser Befangenheit bestimmt ist und viel weniger auf einer augenblicklichen, uneingeschränkten und unfehlbaren Erfassung der Wirklichkeit." Auch wenn *Piaget* im Egozentrismus eine Art Perspektive sieht, so haben seine Untersuchungen über kognitive Perspektivenübernahme doch vielfältig zu der Annahme geführt, daß der sogenannte kindliche Egozentrismus gleichsam entgegengesetzt zu Empathie und Perspektivenübernahme gesehen wird. Für die kognitive Perspektivenübernahme, wenn sie sich auf die Lösung abstrakter Probleme bezieht, ist dies sicher zutreffend. Ich denke aber, daß das kindliche Rollenspiel und auch kindliche Monologe weniger als egozentrisch, als vielmehr als **panempathische Umgangsform** mit Objekten aus der Umwelt gesehen werden kann. Wenn die Fähigkeit zur Empathie eine arteigene, angeborene Disposition von Menschen und auch höheren Tieren ist, so liegt nahe, daß sie sich von einem generalisierten Erlebensmuster bzw. einer allgemeinen Weltsicht zu einer spezifischen ausdifferenziert. Auch die Hypothese vom kindlichen Animismus teile ich nicht uneingeschränkt. Nach meiner Beobachtung können Kleinkinder sehr wohl Lebewesen von Gegenständen unterscheiden und verhalten sich auch entsprechend unterschiedlich. Sie scheinen keineswegs alles für lebendig zu halten, aber ziemlich grundsätzlich eine affektiv-emotional empathische, handlungsorientierte Umgangsform einzugehen, die dem üblichen Umgang mit Belebtem entspricht.

Als Beispiel eine eigene Beobachtung: Ein noch nicht 2jähriges Kind beobachtet, wie ein Kalb mit der Flasche gefüttert wird. Am Abend desselben Tages saugt es die Milch aus seiner Tasse mit vorgestrecktem Hals, leicht verdrehten Augen und zurückgenommenen Schultern ein. Danach nimmt es wieder mit einem Ausdruck der Befriedigung seine übliche Haltung ein. Hierbei verwechselt es sich bestimmt nicht mit einem Kalb und glaubt wohl auch nicht, wie ein solches zu fühlen, sondern es vollzieht Einfühlung im Sinne der ursprünglichen Definition von *Lipps*. D.h., das Rollenspiel dient hier einem intuitiv affektiven Erkenntnisgewinn, indem alle im Augenblick relevanten Wahrnehmungsgegenstände/Vorstellungen in ihren Wesensmerkmalen emotional empathisch erfaßt werden.[44] Diese Form **panempathischen Erfahrungslernens** verliert an Dominanz und Relevanz, je größer das Erfahrungsspektrum wird, indem man, ohne den Prozeß jeweils durchlaufen zu müssen, über die entsprechenden Wesensmerkmale in der Vorstellung verfügt. Was hier im Beispiel von Stefan im Alter von 7-8 Jahren eine sehr alltägliche, gesunde Art und Weise, Spannungen zu bewältigen und die Dinge sinnlich zu erfassen, darstellt, bringt Erwachsene, wenn sie aktuell situativ oder auch längerfristig sich auf einem ähnlichen psychischen Funktionsniveau befinden, in erhebliche Schwierigkeiten. Nicht nur, daß sie durch ihr Verhalten auffallen und meist bald - mit oder ohne Diskriminierung - dem schizophrenen Formenkreis zugeordnet werden, sondern viel schlimmer, anstatt ein bestimmtes, anstrengendes Bewältigungsniveau immerhin erfolgreich einzusetzen und so schließlich zu überwinden, kommen sie eben durch seine Anwendung immer tiefer hinein. Das gewaltsame Unterdrücken auf z.B. der motorischen Ebene kostet so viel Anstrengung, daß - vom Zittern ganz zu schweigen - eine weitere Konzentration auf den Fortlauf des Gespräches kaum möglich ist. Gleichzeitig bleiben affektive Schwingungen - oder auch weitere Reizworte etc. - nicht unregistriert, aber völlig zusammenhanglos und führen so zu Fehldeutungen, Verwirrungen und weiterer Labilisierung. Gelingt eine Unterdrückung nicht mehr, werden die Reaktionen der Zuschauer noch massiver, wobei der Patient nun tendenziell mehr auf diese achtet, als auf sein eigenes, eher automatisches Gebaren, weil ihm die Grenzen durcheinander geraten und auch weil die Gefahr von außen im Zweifelsfall die größere ist. Die Folgen sind dann entsprechend katastrophal. Hieraus wird unter anderem auch verständlich, daß von manchen Patienten das totale Abdriften in halluzinatorische Welten fast als Erleichterung empfunden wird.

Empathie in die Persönlichkeit, ihre Identität und Kontinuität[45]

So hilfreich und erfahrungserweiternd die kognitive soziale Perspektivenübernahme auch ist, so grob fehlerhaft bleibt sie, wenn sich nicht auch parallel bzw. aus ihr hervorgehend ein Bezugssystem entwickelt, das von der Erfahrung ausgeht, daß nicht alle Menschen gleich sind. Man kann diese Empathieform als Identitätsempathie oder Empathie in die Persönlichkeit bezeichnen.

Die Kenntnis dieses Umstandes ist zwar schon sehr früh gegeben, bewegt sich aber zunächst eher nach dem Muster eines additiven Zusammentragens von bestimmten Merkmalen oder Merkmalskombinationen und im Zusammenhang damit Erfahrungen mit bzw. Erwartungen an bestimmte Personen. Schon sehr kleine Kinder sind in der Lage, sich Gewohnheiten, Eigentümlichkeiten und Vorlieben und Abneigungen von ihnen vertrauten Personen zu merken, auch wenn sie hierfür weder Verständnis noch Einfühlung aufbringen. Dasselbe gilt für einfache Gruppenmerkmale. So z.B. fällt es ihnen nicht schwer, die üblichen Signale in Fernsehfilmen - etwa daß Bankräuber Strumpfmasken tragen und dergleichen - zu lernen, auch wenn sie den Sinn oft noch nicht verstehen. Mit einfühlendem Verständnis in die psychische Andersartigkeit von verschiedenen Personen oder Gruppen hat dies aber noch nichts zu tun. Es besteht also zunächst ein relativ additives, gewohnheitsmäßiges Kennen einzelner Personen und ebenso ein relativ klischeehafter Raster der Generalisierung in bezug auf Gruppenmerkmale. Dieses Raster bzw. dieses gewohnheitsmäßige Kennen respektive nicht in das Raster passendes Fremdsein ist oft Grundlage für eine bewertende, kognitive soziale Perspektivenübernahme im Dienste der Vorhersagbarkeit vom Verhalten anderer und die daran gebundene Steuerung (*feedforward*; *Melges*, 1982) eigener Verhaltensweisen. So z.B. ist affektiv-emotionale Empathie in Personen, die sich in einer Weise aufführen, daß sie als verdächtig oder bedrohlich eingestuft werden und man sie demzufolge meidet, wenig sinnvoll. Hier ist das Interesse nämlich keineswegs auf empathisches Verstehen gerichtet, sondern es besteht vielmehr die Motivation, über kognitive soziale Perspektivenübernahme sich ein Bild darüber zu machen - oder auch zu dem Schluß zu kommen, daß man dazu nicht in der Lage ist und also mit allem rechnen muß -, welche Intentionen der andere verfolgen mag, und das eigene Verhalten dem angemessen bzw. vorsorglich anzupassen. Dieses zum eigenen Schutz sinnvolle Verhalten ist in gewisser Hinsicht geradezu kontraempathisch. Es geht zwar mit hoher Aufmerksamkeit auch für den anderen einher, führt aber zu eindeutig auf sich selbst gerichteten Emotionen wie Angst und Befremden und in der Folge zu auf den anderen gerichteten Aggressionen und Vermeidungstendenzen. Ich habe in anderem Zusammenhang (*Binder*, 1990) darauf hingewiesen, daß die Umweltreaktionen, die Schizophrene durch abweichendes Verhalten auslösen, für diese oft ausgesprochen destruktiv und unverständlich sind. Auch im therapeutischen Kontext bewirkt ein übermäßiges Befangensein in der Aufmerksamkeit für Unvertrautes, Fremdes, Unverständliches, nicht-einordenbares und nicht-einschätzbares Patientenverhalten/-erleben eine Reduzierung in der Fähigkeit zur Verwirklichung der Basisvariablen und vor allem von an eigene Angstfreiheit gebundener Empathie.

Irgendwelche spezifischeren oder sensibleren Wahrnehmungen in Form diffuser Anmutungsqualitäten scheinen in der Empathieentwicklung aber oft lange vor einem differenzierteren Verstehensniveau wirksam zu sein. Die Erfahrung oder das gewohnheitsmäßige Wissen darum, daß eine bestimmte Person oder auch bestimmte Personengruppen auf Verhaltensweisen, die im eigenen Erleben als ganz unerheblich erscheinen und wenig Emotionen auslösen, ausgesprochen beleidigt reagieren (z.B. Schimpfwörter innerhalb der Kindergruppe und Schimpfwörter gegenüber

Lehrern, Omas etc.) führt dazu, daß man die Empfindung des Beleidigtseins über entsprechende Ausdruckssignale durchaus empathisch verstehen und prosozial in der Zukunft meiden kann, ohne aber daß die Bedeutung dieser Reaktion aus der Persönlichkeit des anderen heraus damit schon empathisch verständlich ist. Das diesbezügliche Niveau ist allerdings individuell durchaus verschieden. Nach *Selman* (1984) ergeben sich erhebliche soziale Probleme, sowohl wenn Kinder in ihrer sozialkognitiven Kompetenz retardiert sind als auch, wenn sie frühentwickelt sind. In beiden Fällen kommt es zu Isolation, Unbeliebtheit und Anpassungsschwierigkeiten in gleichaltrigen Gruppen. Längst vor der vollausgereiften Fähigkeit zur Empathie in andere auf der Basis der Einbeziehung der so und so anders beschaffenen Persönlichkeitsstruktur gibt es durch Ich-Andere-Differenzierung ein unhinterfragtes und keineswegs notwendigerweise verstandenes Erfahrungswissen, das das Verhalten auf der Basis von Antizipation möglicher Konsequenzen steuert. Dieses Kennen oder Über-Raster-Verfügen ist an sich noch nicht empathiefördernd, sondern stellt eine Voraussetzung dar, auf der allmählich Empathie, die unter dem Aspekt beginnt, daß bestimmte Situationen, Gefühlsäußerungen des anderen in ihrer Bedeutung als identisch mit den jeweiligen eigenen angesehen werden, in Empathieformen übergehen kann, bei denen der andere als begründet eigenständig, anders etc. verstanden wird. Erfahrungen wie z.B. "Lehrer im allgmeinen sind meistens ..." oder auch "meine Lehrerin ist in der und der Hinsicht überhaupt nicht so wie die meisten Lehrer, sondern ..." sind eine wichtige Voraussetzung, um das eigene Verhalten in der Beziehung zu steuern und auch, um einzelne Reaktionsweisen unter Zuhilfenahme der vertrauten Signale von Ausdruck und Situation adäquat empathisch zu verstehen. Was hier noch fehlt und sich erst allmählich und zunächst jeweils an der konkreten Erfahrung und den dabei wahrgenommenen Abweichungen vom eigenen Erleben orientiert herausbildet, ist die Empathie in bezug auf die Gefühlsbedeutung auf dem jeweils für

die Persönlichkeit des anderen relevanten Hintergrund, mit anderen Worten die Fähigkeit des empathischen Verstehens der jeweils spezifischen, persönlichkeitsbedingten "Warums" des anderen.
Die Empathie in die Persönlichkeit anderer setzt voraus, daß man in bezug auf sich selber ein relativ stabiles Identitätsgefühl entwickelt hat, so daß man auch andere in deren spezifischer, eigenständiger Identität wahrnehmen kann. Nach *Hoffman* (1990) wird die Stufe 4 - Empathie, die über die unmittelbare Situation hinausgehend sich daran orientiert, daß der andere eine eigene Geschichte und Identität als Individuum hat - erst in der späten Kindheit erreicht. Zu diesem Zeitpunkt ist z.B. Empathie in Behinderte, sozial Benachteiligte ect. verbunden mit prosozialen Impulsen, auch wenn ihr aktuelles Ausdrucksgeschehen Gegenteiliges vermittelt, beobachtbar. *Hoffman* sieht hierin den Übergang von rein affektiver Empathie zu empathischem Erleben im Dienste der Entwicklung moralischer Konzepte und Wertsysteme.[46]

Funktionen und Folgen von Defiziten der Entwicklung der Empathie in die Persönlichkeit

Daß im Zuge einer Stabilisierung und Ausformung des Selbstbildes und Identitätserlebens sich auch die Empathie in die Persönlichkeit anderer entfaltet, hat einen unmittelbaren biologischen Nutzen.[47] Indem in diesem Zeitraum mit Auftreten der Fortpflanzungsfähigkeit Ablösung aus der Ursprungsfamilie und die Notwendigkeit zur Partnerwahl gegeben ist (bzw. in unserer Kultur Vorbereitungen in diese Richtung), wird Empathie in die Persönlichkeit und Sensibilität für die Qualitäten, durch die jemand sich von einem selbst und anderen unterscheidet, auch ein erforderliches Auswahlkriterium für mögliche, über eher unspezifische Bindung hinausgehende Beziehungsaspekte. Auf dem Hintergrund des Interesses an möglichen Beziehungsqualitäten ist ein empathisches Erfassen von Andersartigkeit unter Einbeziehung des "Warum, weshalb, wann und wie" bedeutungsvoll, um ermessen zu können, welche Qualitäten dieser spezielle Partner spezifisch für einen selber und die in der Beziehung gesuchten Ich-Entwicklungsmöglichkeiten aufweist (*Auckenthaler/Binder*,1987). In der jeweiligen Ursprungsfamilie scheint die Antizipation von Verhalten/Qualitäten etc. oft ausreichend zu gelingen bzw. in den hier relevanten Bereichen sogar so differenziert zu sein, daß während der Entwicklung ein funktionierendes Miteinanderleben aufgebaut und aufrechterhalten werden kann. In manchen schizopräsenten Familien mit kommunikationsarmen symbiotischen Beziehungsstrukturen scheint ein solches Muster fortzubestehen: die einzelnen Familienmitglieder kennen einander bis in kleinste Einzelheiten des Verhaltens auswendig, ohne aber das Gefühl zu haben, sich als Personen zu kennen. Die hierbei auftretenden spezifischen Prägungen im Bereich Empathie sind oft nicht konstruktiv auf andere Lebens- und Kommunikationszusammenhänge übertragbar. Innerhalb der Kernfamilie ist Empathie in die jeweilige Gefühlsbedeutung im Zusammenhang mit der Persönlichkeit des anderen und seiner Eigenart insofern nicht überlebensnotwendig, als ausreichend Erfahrung besteht, um zu Vorhersagbarkeit des Verhaltens und Fühlens des anderen zu führen. D.h., das Kind ist durchaus in der Lage, seine Eltern in ihrem Ausdrucksverhalten adäquat zu deuten und ihre Gewohnheiten so zu berechnen, daß es sein Verhalten vorausschauend steuern oder modellieren kann, ohne daß es auf ein Verständnis in die Persönlichkeitsstrukturen angewiesen ist. Mit dem Heraustreten des Kindes aus der Kernfamilie wird es relevant, Verhalten, Motive, Gefühle auf der Basis von Persönlichkeitsstrukturen, die nicht dem vertrauten Muster folgen, zu erfassen. Schon das vertraute Muster hat bedingt ordnende Funktionen: Es scheint im Erleben keine Flächen und keine Leerstellen, aber gleichsam als ornamentaler Hintergrund vielfältige, eher informationslose, sich zuverlässig und sicher wiederholende Inhalte zu geben, durch die das Erleben in stetigem Fluß in Balance gehalten wird. Dieser ornamentale Hintergrund kann gewissermaßen als Ersatzidentität für eine ausreichende Strukturierung des Erlebens sorgen. Bei Verlust der Basis und Balance und vor allem bei der Konfrontation mit unvertrauten und dadurch widersprüchlichen Signalen geht dieses Ersatzidentitätsgefühl in seiner - wie auch immer minimal - Kontinuität garantierenden Form verloren. Mit anderen Worten: Der Betreffende ist nicht mehr in der Lage, sein Erleben in ein Bezugssystem zu ordnen, und es kommt entsprechend zum Zusammenbruch. Die in der Kernfamilie herausgebildeten, an der statischen symbiotischen Bindung orientierten Empathieformen zeichnen sich oft dadurch aus, daß sie seismographisch sensibel für emotionale Inhalte sind, die erhebliche Widersprüche aufweisen und nicht offen kommuniziert werden. Hierbei sind die Distanzierungsmöglichkeiten und auch auf Selbsterfahrung und Identitätsbildung gerichteten Auseinandersetzungen gering. Es werden wenig Reaktionsmuster, die auf außerfamiliäre Beziehungen zugeschnitten sind und sich damit auch für den Umgang mit anderen Strukturen eigenen, entwickelt. Die in schizopräsenten Familien häufig vorkommende Tatsache, daß die Relevanz bestimmter Ausdrucks-/Gefühlssignale nicht entsprechend der wahrnehmbaren Intensität des Signals[48] gegeben ist, führt dann zu einer ausgesprochenen Verwirrung in der Hierarchisierung wahrgenommener Signale. Es wird in außerfamiliären Beziehungen demzufolge auf im kommunikativen Prozeß Unwesentliches durchaus nahezu überempathisch, gefühlsangesteckt oder gar mit Gefühlsübernahme reagiert. Oder aber es kommt zu paranoiden Fehlinterpretationen, indem man auf vertraut Widersprüchliches achtet, ohne es zu finden, und auch, indem man relevante Beziehungsaussagen im Verborgenen sucht. Und dies alles ereignet sich in einem Zustand ungeborgener Bindungslosigkeit, da die Funktion der abhängigen Gebundenheit als Bindungsersatz nur in der aktuellen Situation besteht und nicht darüber hinaus zu Vertrauen in sich und andere und die jeweiligen Kompetenzen in ausreichender Kontinuität führt. Ausgehend davon, daß Empathie vielfältige Vorformen, verwandte Erlebnisweisen und Facetten aufweist, die nicht in jeder Situation und mit jeder Person nach dem je gleichen Muster angemessen sind, wird hieraus das Phänomen verständlich, daß Patienten aus dem schizophrenen Formenkreis oft gerade, wenn sie das für die Entstehung der Krankheit relevante Milieu verlassen, psychotische Episoden erleiden. Empathie in die Persönlichkeit und daraus resultierende Einschätzungen und Verstehensmöglichkeiten von zu erwartenden bzw. beobachteten Reaktions- und Erlebensmustern ist nur insofern ein reifungs- bzw. entwicklungsbedingter Fortschritt, als sie ein gewisses Ausmaß an Identitätsentwicklung voraussetzt. Darüber hinaus ist die durch Einbeziehung der Wahrnehmung der Persönlichkeitsstruktur des anderen gewonnene Zunahme an präzisem empathischen Verstehen die Folge von differenzierenden, ausgedehnteren, konkreten Erfahrungen im zwischenmenschlichen Bereich, die in ihrer Vielfalt als Grundlage für je angemessene empathische Prozesse dienen.

Ein solcher Prozeß läßt sich etwa mit folgenden Phasen beschreiben:

1. Wahrnehmung des anderen unter Einbeziehung aller verbaler und nonverbaler Signale, wobei diejenigen mit Kommunikationsabsicht von denjenigen, die sich unwillkürlich mitteilen, unterschieden werden.
2. Inkorporation mit besonderem Gewicht auf den Aspekten, wo der andere sich eklatant von der eigenen Erlebniswelt unterscheidet; dies nicht wertend, sondern mit neugierigem, phänomenologischen Interesse.
3. Reflexion der Ähnlichkeiten und Unterschiede auf der Basis der Geschichte und Identität des anderen als Individuum unter Einbeziehung aller zur Verfügung stehender Informationen und Erfahrungen mit diesen oder ihm verwandten Individuen.
4. "Übersetzen" der affektiv emotional und kognitiv gewonnenen Einblicke in bezug auf Übereinstimmung/Nichtübereinstim-

mung mit dem eigenen Erleben im Sinne von etwa "wenn ich ..., dann würde ich vielleicht auch ..." oder "das scheint bei ihm so zu sein, wie wenn bei mir ..." oder "das scheint bei ihm so anders zu sein, weil ...".

5. Kommunikation des empathischen Verstehens in Vollständigkeit oder in Teilbereichen, empathisch abwägend unter dem Aspekt, was der andere, so wie er ist, warum und wie versteht.

Sehen wir die psychische Störung eines Patienten als sein zentrales Anliegen um in Therapie zu gehen und auch als wesentliche Ursache dafür, daß ihm in seiner sonstigen Umwelt - und dies besonders im Hinblick auf seine mit der Störung verbundenen Erlebnis-/Gefühlsweisen - eher wenig empathisches Verstehen und konstruktive Veränderungsbedingungen entgegengebracht werden, so ist Empathie in die Persönlichkeit im therapeutischen Kontext notwendigerweise störungsspezifische Empathie.

Versuch einer störungsspezifischen Betrachtung von Therapiebeispielen im Hinblick auf Empathieentwicklung und Empathieformen

Kommen wir zurück auf die oben angeführten Beispiele dafür, wie unter dem störungsspezifischen Aspekt von "Empathieeigentümlichkeiten" ein therapeutischer Zugang erleichtert werden kann.

Schizophrenie und Borderline-Störungen

Die Tatsache, daß diese Patienten oft - dies ist von vielen Wissenschaftlern beobachtet worden - viel stärker auf marginale Affekte, die sie angemessen wahrnehmen und deuten, oder auch nicht, reagieren, als auf den Gesprächsinhalt, ist ein häufiges Phänomen dafür, daß wir nicht verstehen, wie sie verstehen, nämlich letztlich - nur unter Einbeziehung unendlich vieler Signale - nach dem frühkindlichen Muster der Gefühlsansteckung. Weiterhin erschwerend ist, daß Patienten aus dem schizophrenen

Formenkreis Geschehnisse mit hoher emotionaler Bedeutung für sich selbst als so überschwemmend erleben, daß sie nicht mehr fähig sind, abgegrenzt wahrzunehmen, sondern die auslösenden Ereignisse als absichtsvoll deuten. Mit unserer Hilfe sind sie ebenso zur distanzierten kognitiven Perspektivenübernahme in der Lage, wie andere auch. Es ist sicherlich generell um so schwerer, die Dinge - auch wenn es einem damit letztlich besser geht - auch aus der Sicht des anderen zu sehen, je schwerer man sich geschädigt fühlt und je heftiger die eigene Betroffenheit und damit der empathische Ärger für sich selbst einen überkommt. Haß und Empörung führt dann zwar vorübergehend zur Stimmigkeit im eigenen Erleben, geht aber mit einer schwer verkraftbaren Sicht der Welt als unbegreiflich feindselig einher.

Hierzu ein Beispiel:
Eine Patientin berichtet, Nachbarn hätten nachts die Polizei gerufen, die sehr unsanft bei ihr einbrach und sie mit Gewalt in die geschlossene Abteilung brachte. Sie hatte sich so schlecht gefühlt, daß sie einfach ganz alleine für sich ein bißchen schreien mußte, und das könne doch die Leute nicht so gestört haben, daß man sie derartig dafür hätte bestrafen müssen. Da die Folgen für sie so gravierend waren, war sie nicht mehr in der Lage zu sehen, daß das Eingreifen der Nachbarn vielleicht auch positive Sorge war, sondern sie sah hierin nur eine unbegreifliche Aggression, die sie über die Brutalität der Welt verzweifeln ließ. Ein Perspektivenwechsel und damit die positive Sicht - die mußten denken, ich bin in Not, und Hilfe rufen - war ihr alleine nicht mehr möglich. Ein therapeutischer Anstoß in diese Richtung ist ihr mühelos nachvollziehbar und wirkt ausgesprochen befreiend. Kognitive soziale Perspektivenübernahme ist an sich kein zentraler Wirkungsmechanismus für konstruktive Veränderungen im Erleben, da sie eher emotions- und intensitätsreduzierend wirkt. Von daher kommt der kognitiven sozialen Perspektivenübernahme auch im therapeutischen Prozeß insgesamt eine eher unterge-

ordnete Rolle zu. In der Arbeit mit Patienten aus dem schizophrenen Formenkreis kann die Anregung zur kognitiven sozialen Perspektivenübernahme aber besonders im Zusammenhang mit emotional intensiven Erlebnissen, die von den Patienten als verwirrend und nicht mehr verkraftbar erlebt werden, häufig sehr hilfreich sein. Diese Patienten sind oft in bezug auf ihre affektiv-emotionalen Empathiefähigkeiten in dem Sinne gestört, daß sie empathisches Erleben, das wenig realtitätsgerechten Bewältigungsstrategien dient, mit übermäßiger, intensiver Gewichtung entwickelt haben. Hinsichtlich der kognitiven sozialen Perspektivenübernahme, die ihnen - wie auch anderen Personen - in affektiv-emotional hochintensiven Erlebniszusammenhängen leicht abhanden kommt, zeigen sie eher geringe Abweichungen. D.h., mit einer Hinwendung zu der Betrachtung eines Ereignisses unter dem Aspekt der kognitiven sozialen Perspektivenübernahme wenden wir uns an ihre sogenannten gesunden Anteile.
Strukturgebende Rituale können auch die Aufrechterhaltung der gesunden Anteile begünstigen. Machen wir uns klar, daß die Ich-Andere-Differenzierung so schwer fällt - die Identität steht hier auf sehr wackeligen Füßen - und daß durch allzu schnelle Gefühlsansteckung und situative Perspektiveninduktion die Konstanz von Beziehungen und das Erkennen des anderen als immer desselben nicht selbstverständlich ist, werden wir sensibler sein für die Notwendigkeit von eher informationslosen Ritualen. Den meisten Menschen ist es vertraut, über Assoziationen Stimmungen zu erleben. Oft vollzieht sich dies über Geruchswahrnehmungen, die ein Weihnachts-, Sommerferien- oder auch "Oma"-Gefühl assoziativ entstehen lassen. Ein schizophrener Patient wird ständig und in jeder mitmenschlichen Begegnung assoziativ von "Angelika-, Elisabeth-, Rolandgefühlen" usw. förmlich heimgesucht, was dann wahnhaft dahingehend umgedeutet wird, daß die entsprechenden Personen in ihn oder sein Gegenüber fahren und dort einen merkwürdigen Spuk treiben. D.h., er ist nicht in der Lage, sich oder andere als konstante Identitäten wahrzuneh-

men, sondern fluktuiert zwischen ihm bekannten und an Personen und mit diesen erfahrenen Gefühlen geknüpfte Assoziationen. Damit ist er einer diffusen Gefühlsansteckung auf der Basis der Erfahrung, der Geschichte und der Erinnerung eines 35jährigen mit vielfältigen, konkret benennbaren, emotionalen Begegnungen mit anderen Personen preisgegeben, ohne daß hierbei eine konstante Beziehung auf der Ebene der Empathie in eigene und andere Persönlichkeitsstrukturen entstanden ist. Er bekommt in jedem zwischenmenschlichen Kontakt ständig emotional wesentliche Botschaften ohne Absender, die aber durchaus in ein Erfahrungsraster passen; das muß zu wilden Spekulationen bis zum Wahnsinn führen. Indem er über eine extreme Sensibilität für jede Modulation in der Gestimmtheit seines Gegenübers verfügt, ohne diese empathisch in einen Zusammenhang mit der Person des Gegenübers bringen zu können, ist er nicht in der Lage, seine vielfältigen Assoziationen zu integrieren, und die Wahrnehmung zerfällt.

Ein Patient berichtet - und darüber war er selber sehr erstaunt -, daß ihm psychotische Gedanken kommen, ganz unvermutet, wenn er alleine ganz unerhebliche, keineswegs aufregende Dinge im Fernsehen sieht. Im Verlauf entdeckte er, daß dies vermehrt auftritt, wenn er zuvor Beziehungserlebnisse hatte, in denen er sich unterlegen bzw. abhängig gefühlt hatte, und daß dies ihn offensichtlich so labilisiert, daß er "psychosenaher" erlebt. Dieser Patient ist - und dies ist für ihn, nicht für seine Störung typisch - ausgesprochen beziehungsstark, und zwar gelegentlich auch störungsspezifisch übersensibel, aber in der Hauptsache ganz einfach sensibel. Hier war im Sinne einer konstruktiven störungsspezifischen Empathie wichtig, in der Beziehung sehr betont Gleichrangigkeit der Personen (*Binder/Binder*, 1991) zu vermitteln und auch sehr viele Aspekte einer Realbeziehung, durchaus auch mit Diskussion, Selbstöffnung etc., was in dieser Therapie sehr angenehm und anregend auch für mich war, zu verwirklichen. Mit zunehmender Erfahrung, Beziehungen aktiv steuern und konstruktiv Einfluß auf den Beziehungspartner nehmen zu können, verringerten sich nicht nur die labilisierenden Unterlegenheits- und Abhängigkeitsgefühle im zwischenmenschlichen Bereich, sondern es nahm auch die Fähigkeit zur Steuerung eigenen Erlebens zu, z.B. durch so einfache Erfahrungen mit sich selbst, daß er - wenn er sich psychosenah fühlt, ganz einfach kurz Kontakt herstellen muß, real per Telefon oder auch nur in der Phantasie.

Wesentlich für die Therapie mit Schizophrenen und bei Borderline-Störungen ist, daß wir uns bewußt darüber bleiben, daß Empathie automatischer und stärker gegenüber vertrauten Personen und in unmittelbaren Situationen ist. Wenn die Unterscheidung zwischen vertraut/fremd innerhalb einer Hierarchie von Beziehungen wenig gegeben ist, folgt das empathische Mitschwingen auch weniger diesem strukturierenden Bezugssystem und verliert dadurch auch seine identitätsstärkende Wirkung. Wenn - ob beim Ansehen von Filmen oder in der Realität - nicht entlang von relevanten Beziehungsstrukturen und Identifikationen empathisch miterlebt wird, verliert das Erleben seine Steuerung, und die Ich-Andere-Differenzierung läuft übermäßig von Moment zu Moment, wird also punktuell und hilft nicht mehr, Nähe/Distanz zu ordnen. Die Abgrenzung bricht zusammen, und der Bezug bzw. die Nähe und Verbundenheit kommen ganz abhanden. Darüber hinaus ist dann ein empathisches Begreifen der Persönlichkeitsstruktur des anderen nicht mehr möglich. Eine tragfähige therapeutische Beziehung ist darauf angewiesen, daß beide sich miteinander wohlfühlen, im Vertrauen darauf, sich zu kennen bzw. es lernen zu können.

Anorexie

Und nun noch ein paar Worte zu unserer eingangs erwähnten Anorektikerin, die hier insgesamt ein bißchen zu kurz gekommen ist: ein typisches Familienmuster bei Eßstörungen ist ein Verhalten, das ich mit **vorauseilender Empathie** bezeichnen möchte.

Die vorauseilende Empathie ist ein Einfühlen, bei dem der Betreffende, dem es widerfährt, bereits verstanden, gelenkt, interpretiert, bewertet, erklärt wird etc., ehe er selbst in der Lage war, zu einem eigenen Klärungsprozeß seiner Gefühle zu kommen. Dieses mütterliche Verhalten kann im Dienste einer anorexiatypischen, besorgten *Overprotection* stehen und als Verhinderung von Autonomie und Kompetenzerfahrungen wirksam werden. Es kann aber auch - und dann ist es wesentlich destruktiver - der Aufrechterhaltung einer Familienlüge dienen. In diesen Fällen kann tendenziell Kongruenz in der Selbsterfahrung nur im "nein", in der Abgrenzung erlebt werden. Die vorauseilende Empathie führt, selbst wenn sie stimmig ist, zu Defiziten bezüglich der Differenzierung des Selbstbildes. Ist sie nicht stimmig und kommt doch mit einer Geschwindigkeit daher, daß das Kind nicht in der Lage ist, die Aussage differenziert für sich zu veri- oder falsifizieren, kommt es zu erheblichen Inkongruenzen und auch regelrechten Lücken im Selbstbild, durch die der Zugang zu den eigenen Gefühlen versperrt ist. Verstanden werden ist ja angenehm, vielleicht erklärt die intensive Erfahrung vorauseilender Empathie die oft so merkwürdige Mischung zwischen freundlicher Gefügigkeit im Umgang und dem totalen Beißen auf Granit bei der Arbeit mit diesen PatientInnen. Hier bedeutet der störungsspezifische empathische Ansatz in erster Linie Geduld und Präzision im Zuhören und auf der Beziehungsebene gelegentlich weniger liebevolle - dies kann als infantilisierend mißverstanden werden - Zuwendung, als vielmehr durchaus auch aggressiv gefärbte Solidarität, in der sich ein auf die Person gerichtetes engagiertes Interesse ausdrückt.

Depressionen

Die Situation der depressiven Stagnation klang bereits in den verschiedensten Zusammenhängen kurz an. Die depressive empathische Eigentümlichkeit lautet kurz auf einen Nenner gebracht: Weil ich nichts ertrage - alle unerfreulichen Gefühle, sowohl reaktiv die meinigen als auch die von anderen, erschüttern mich so unerträglich tief - kann ich nur leben, wenn ich alles - und zwar alleine, da ich sonst wieder schuldig bzw. verpflichtet sein könnte - harmonisch und omnipotent in Ordnung bringe bzw. wenigstens unter Kontrolle habe. Zwischen unerträglicher emotionaler Auslieferung an den Moment, ohne Bewegung und damit ohne Wollen und dem totalen zukunftsgerichteten Kraftakt des Müssens liegt die innere Leere. Depressive sind oft in Familien groß geworden, in denen es wichtig war, zunächst die Stimmung der relevanten anderen zu erkennen und sich deren Bedürfnisse klar zu machen, und dann erst in der Entsprechung dazu und dem entlang selber zu fühlen, zu wollen und zu handeln. Bei extrem hoher Sensibilität für andere, ob diese nun prosozial genutzt wird oder nicht, bleibt der Zugang zu eigenen innerseelischen Bewältigungsstrategien etwas auf der Strecke. Im statischen Depressiv-Sein wird dann oft die handlungsorientierte, empathische Anstrengung nach außen und nach innen abgebrochen zugunsten eines - wenn man nicht aufpaßt - gemeinsamen, gefühlsangesteckten *personal distress'*. Der Gefühlsgleichklang ist angenehm, der Inhalt nicht. In schweren depressiven Zuständen, in denen sich der Betroffene für sich und andere als Zumutung erlebt und im Sinne einer allgemeinen Menschheitsenttäuschung empathischen Ärger auf sich und alle anderen empfindet, überwiegen totale Rückzugstendenzen.

Empathiedefizite einer soziopathischen Persönlichkeit

Der oben beschriebene Patient mit der soziopathischen Persönlichkeitsstörung ist in seinen emotionalen empathischen Fähigkeiten verkümmert und defizitär. Dies ist bei ihm in typischer Weise lebensgeschichtlich entwicklungsbedingt. Er wurde nicht nur selbst häufig physisch mißhandelt, sondern physische Gewalt gehörte zum Alltag im familiären Milieu. Er war ein unerwünschtes Kind unempathischer Eltern, das schon früh aufgrund von Verwahrlosung im Kinderheim untergebracht werden mußte.

Der spätere Aufenthalt im Heim für Schwererziehbare war die Folge von Verhaltensauffälligkeiten, die auch zu kleineren kriminellen Delikten geführt hatten. Aufgrund seines empathischen Defizites war er sozial eher inkompetent. Er fand zwar Anschluß an gleichgesinnte Gesellen zu fragwürdigen Unternehmungen, aber Freundschaften konnte er nicht eingehen. Auch hierin liegt ein Grund zur Aufrechterhaltung der Störung.
Ein angemessenes störungsspezifisches, empathisch therapeutisches Vorgehen geht nicht von der Annahme aus, daß dieser Patient in wie auch immer eindeutigen Situationen emotional empathische Reaktionen zeigt, wie sie allgemein als üblich erwartet werden. Gleichzeitig, ausgehend von der Überzeugung, daß es ein prinzipielles vollständiges Fehlen von empathischen Fähigkeiten bei Menschen nicht gibt, ist es hier wesentlich, kleinste Anzeichen von empathischen Reaktionen zu beachten, entsprechende Attribuierungen vorzunehmen und die Expressivität modellhaft anzuregen.

Personal distress bei einer Borderline-Störung
Und nun zu der Patientin mit der Borderline-Störung und ihrer *personal distress*-Reaktion auf einen Epileptiker: Eine verstärkte Tendenz zu *personal distress*-Reaktionen ist bei ihr lebensgeschichtlich in der Entwicklung begründet. In ihrer Familie wurde pausenlos chaotisch und dramatisch gestritten, und zwar ganz rücksichtslos in Gegenwart der Kinder. Sie war die Älteste und Anlaß für die unglückliche Ehe. Der das Familienklima dominierende Vater war nicht nur alkoholabhängig und dementsprechend häufig verworren, sondern auch homosexuell, und er lehnte die Patientin - wie sie es formuliert - "sexuell" ab. Alle waren ständig, da sie einen Familienbetrieb führten, in dem eine Panne die andere jagte, mit gegenseitigen Schuldvorwürfen miteinander verwickelt. Die Patientin war sehr früh intensiven, expressiven, aggressiven Emotionen ausgeliefert. Damit war das Spektrum emotionaler Erfahrungen nicht empathiefördernd breit, es bestand

vielmehr so etwas wie eine weitgehende Unentrinnbarkeit gegenüber negativen Emotionen. Entwicklungsfördernde Situationen ergaben sich bei Möglichkeiten zu sozialem Rückzug und bei Gelegenheiten, wo die Patientin durch ihr aktives Organisationstalent Chaossituationen und Pannen kompetent meisterte.
Diese Entwicklungsgeschichte legt nahe, daß diese Patientin nur eine geringe Fähigkeit zu innerpsychischen Bewältigungsstrategien entwickelt hat und eine erhöhte Tendenz aufweist, empathische Erregung als Streß zu empfinden und entweder bei gegebener Handlungskompetenz durch tätiges Eingreifen Spannung abzubauen oder mit einer *personal distress*-Reaktion den aversiven Status zu beantworten. Weiterhin charakteristisch für diese Patientin ist, daß sie das Streben nach Beliebtheit als sowieso völlig unerreichbares Ziel früh aufgegeben hat. Dies hatte zur Folge, daß sie empathische Regungen, über die sie durchaus verfügt, nur auf der Handlungsebene vermittelt. Sie im zwischenmenschlichen Bereich kommunikativ einzusetzen fällt ihr gewissermaßen gar nicht ein. Mit diesem störungsspezifischen Hintergrundwissen wird sie - auch wenn sie konkret wenig in der Lage ist, einem hierbei durch entsprechende Signale zu helfen - durchaus empathisch verstehbar, so daß es möglich ist, ihr zu konstruktiven Prozessen von Selbstexploration zu helfen.

Der passiv-aggressive Patient

Bei dem passiv-aggressiven Patienten ist das störungsspezifische empathische Defizit weder in der unmittelbaren zwischenmenschlichen Interaktion noch in bezug auf Fähigkeiten, Stimmungen oder Situationen in ihrer Bedeutung für andere zu erkennen und angemessen emotional mitzuschwingen, gegeben. Sein Beziehungsverhalten und seine zwischenmenschlichen Umgangsformen sind - wenn man mal von den immer wieder auftretenden Ärgernissen, die scheinbar gar nichts mit der Beziehung zu tun haben, absieht - angemessen. Dieser Patient stammte aus geordneten, bürgerlichen Verhältnissen. Expressiv aggressives Verhalten war stark tabuisiert. Seine Mutter schildert er als verständnisvoll und nachgiebig; auch der Vater habe sich - wenn er in Schwierigkeiten war - immer für ihn eingesetzt, sei aber ein eher verschlossener Mensch (emotional abwesend) gewesen. Es ist anzunehmen, daß die Eltern durchaus spürbare aggressive Gefühlsregungen in bezug auf den Sohn hatten, die aber nicht zu offenen Auseinandersetzungen führten, sondern in konfliktscheuer Nachgiebigkeit unterdrückt wurden und so keine adäquate Äußerung fanden. Von daher hat dieser Patient gewissermaßen einen blinden Fleck in bezug auf die Wirkung seines Verhaltens auf andere Personen. Die Umweltreaktionen, die meist zunächst verständnisvoll duldend bis fast tröstend - er kreiert sich als Opfer widriger Umstände - sind, schlagen mehr oder weniger plötzlich um in Aggressionen, die nicht mehr geklärt werden können. Damit wird aufrechterhalten, daß weder der Patient selber noch die mit ihm verwikkelten Personen einen empathischen Zugang zu den am Geschehen beteiligten Motiven finden. Die Aggressivität auf Seiten des Patienten, die sich eher im Sinne einer chronisch beleidigten, negativen Weltsicht äußert, läßt sich nicht konkret fassen und steigert sich meist situationsunabhängig langsam bis hin zu einer irreversiblen Ablehnung. Wesentlich hierbei ist, daß der Patient sich tatsächlich als Opfer sieht und keinen Zugang zu seinen aggressiven Motivationen hat. "Passive Aggressivität ist eine unmittelbar interpersonell bezogene Störung. Sie manifestiert sich immer anderen gegenüber in einer Direktheit, wie dies etwa bei psychosomatischen Störungen, Zwängen, Depressionen etc. nicht der Fall ist: die interpersonelle Relevanz ist dabei unmittelbar - und es besteht nicht nur bei Menschen, die das passiv-aggressive Muster leben, sondern auch bei denjenigen, die darin verwickelt werden, wenig Wahrnehmung für die Dynamik der Abläufe." (*Binder/Binder*, 1992, S. 128). Das Verhalten passiv-aggressiver Personen entspricht etwa der Entwicklungsstufe, in der Kinder endgültig den moralischen Unterschied zwischen Verfehlungen, die einem Menschen ganz unschuldig und ohne Absicht unter-

laufen sind und deshalb auch nicht zu Sanktionen, sondern eher zu Trost führen und solchen, die von der Motivation her verwerflich sind und bestraft werden, verstanden haben.[49] Den Schritt, daß man im Erwachsenenleben dennoch eigenverantwortlich die Folgen auch seiner unabsichtlichen Verfehlungen zu tragen hat, scheinen sie nicht vollzogen zu haben.
Die aggressive Komponente bei diesem Verhalten äußert sich auch darin, daß sich durch die herbeigeführten Reaktionen die anderen schuldig zu machen scheinen. So verteilt man nicht nur Schuldgefühle, sondern hat nun auch eine Berechtigung, beleidigt Aggressionen zu empfinden, für die man wiederum keine Verantwortung trägt, und die man also auch nicht in ein in inkongruenter Weise "sanftmütiges, unschuldiges" Selbstbild integrieren muß. Passiv-aggressive Patienten haben ein Defizit hinsichtlich der Fähigkeit, empathischen Ärger (Schuldgefühl, *Hoffman*, 1990) auf sich selbst zu empfinden bzw. zu ertragen, und als Folge davon ein Defizit von empathischen Reaktionen in bezug auf die situative/reale und dann auch emotionale Bedeutung ihres Verhaltens für andere. Störungsspezifisch betrachtet ist es therapeutisch extrem wichtig, sich nicht in dieses Muster verwickeln zu lassen. Indem auch im therapeutischen Kontext über die eigene aggressive Gefühlsreaktion - deren transparente Kommunikation, solange ihr Ausmaß noch nicht beziehungsschädigend ist, hier konstruktiv ist - erst wahrnehmbar wird, was hier geschieht, muß diese als Ausgangspunkt für einen empathischen Verstehensprozeß genommen werden.

Auslösung von Gefühlsübernahme

Bei der Patientin mit ihrem Prüfungsangstproblem, die in mir so vielfältige Gefühlsübernahmen auslöste, gehe ich davon aus, indem ich an mir spürbar von ihr stammende, in unserer Interaktion nicht kommunizierte affektiv-emotionale und auch - nicht empathietypisch - vegetative Erregungen erlebte, daß diese Patientin so viele Inkongruenzen in ihrem Selbstbild aufwies und zur Aufrechterhaltung eines relativen psychischen Gleichgewichtes sich an ihre Überzeugung, über ihr Idealselbst zu verfügen, in einem Ausmaß klammerte, daß sie nicht in der Lage war, ein empathisches Verstehen für ihr eigenes Erleben aufzubringen. Dieses Defizit an **ipsativer Empathie** (unter ipsativer Empathie verstehe ich einen auf sich selbst gerichteten empathischen Verstehensprozeß, der die Funktion hat, bedrohte Selbstakzeptanz ohne Selbstbildverzerrung wieder herzustellen) scheint dem Wesen nach anders zu verlaufen und auch andere Entstehungsbedingungen zu haben, als die Erlebnis- und Wahrnehmungsverlagerung bei Psychosomatikern, bei der die nicht expressiv kommunizierten Emotionen im körperlichen Bereich existent sind. Beim ipsativen Empathiedefizit scheint es vielmehr so zu sein, daß die jeweiligen Emotionen von ganz anders gelagertem, dominanten, bewußten Kommunikationsgeschehen abgespalten und nicht im eigentlichen Sinne unterdrückt sind, sondern parallel ohne eine expressive oder auf sich selbst gerichtete empathische Beachtung zu finden, d.h. ohne ein integrierter Bestandteil des Erlebensprozesses zu werden, verlaufen. Bei Patienten, die eine derartige Problematik in der Therapie bearbeiten möchten, kann ein störungsspezifisch empathisches Verstehen darin liegen, daß der Prozeß der dargebotenen Selbstexploration wenig angeregt wird, aber das parallel laufende emotionale Geschehen verbal und nonverbal entsprechend frühkindlicher Entwicklungsstufen empathisch stimuliert wird.

Das Beispiel von "Blue"

Kommen wir zurück auf "Blue", die eine Person einer Patientin mit Multipler Persönlichkeit ist. Blue scheint in einiger Hinsicht ein sehr kleines Baby zu sein oder aber auch - immerhin ist Sprachvermögen gegeben - eine Person in akutem, gravierenden psychotischen Zustand. Blues Emotionen scheinen, soweit feststellbar, in Ausdruck und Erleben auf das Frühstadium menschlicher Entwicklung beschränkt: Interesse - z.B. (Ekel ergibt sich in der Therapiesituation nicht) Hinwendung zum Licht, Unbehagen und Erschrecken (dieses ist bei Geräuschen, die von außen kommen, bemerkbar). Dennoch sind hier störungsspezifische empathische therapeutische Interaktionen angezeigt, wie sie im Umgang mit sehr kleinen Kindern im Dienste der Herstellung von Bindung stattfinden. Da Blue aber nun kein Baby ist, sind Modifikationen erforderlich: Körperkontakt ohne entsprechende Einladung wäre z.B. überhaupt nicht empathisch, sondern vielmehr eine Grenzüberschreitung. Auch intensiv stimulierendes *Motor-Mimicry* mit in die Zukunft gerichteten Anregungen expressiver Fröhlichkeit erscheint geradezu zynisch. Sinnvoll und hilfreich sind Kontaktspiegelungen im Sinne der Pretherapie von *Prouty* (1988). D.h., ich verbalisiere spiegelnd die Situation, indem ich z.B. Geräusche, Temperatur- und Lichtverhältnisse etc. kommentiere. Ich verbalisiere Ausdrucks- und Haltungsgeschehen und wie ich dieses empathisch verstehe. Ich versuche, das Zeiterleben zu strukturieren und zu stimulieren durch Äußerungen wie "vorhin ...", "jetzt ..." etc. Und ich betreibe Selbstexploration und verbalisiere meine empathischen Vermutungen und Bedürfnisse (z.B. "... so dazusitzen, das kommt mir furchtbar einsam vor. Ich würde gerne irgendetwas tun, um Sie zu erreichen ...").

Abschließende Betrachtung von Empathie und ihrer Entwicklung in bezug auf psychische Störungen

Es besteht weitgehend Konsens, daß psychische Störungen im Zusammenhang mit Beziehungen entstehen und aufrechterhalten werden und sich im Rahmen von interpersonellen Beziehungen verändern (*Anchin* und *Kiesler*, 1982; *Pfeiffer*, 1993). Trotz vieler individueller und störungsspzifischer Unterschiede besteht eine Gemeinsamkeit. Verwirrenderweise scheinen viele Patienten überdurchschnittlich häufig in je unterschiedlichen Bereichen über eine Sensibilität zu verfügen, daß man meint, sie könnten das Gras wachsen hören, und gleichzeitig in jeweils anderen Bereichen, die mir keineswegs anspruchsvoller oder schwieriger vorkommen, immer nur "Bahnhof" zu verstehen. Und ebenso - dies trifft besonders auf Patienten aus dem schizophrenen Formenkreis zu -imponiert in einigen Bereichen eine merkwürdige Diskrepanz zwischen oft hochdifferenzierten, symbolhaften, sehr berührenden Gefühlsbeschreibungen und sensiblen, empathischen Reaktionen und geradezu plumpen Verstößen gegen allgemein verbindliche Normen des Ausdrucksverhaltens im zwischenmenschlichen Bereich. Lebewesen scheinen ihre Erlebens- und Verhaltensweisen im Zusammenhang mit Erfordernissen und Gegebenheiten, die sie in ihrer Umwelt vorfinden - wie gut oder schlecht ihnen dies im Einzelfall auch immer gelingen mag - auszuformen. Dies gilt auch für die arteigene Disposition zur Empathie. Nicht alles, was ein Mensch in seiner frühen Entwicklung dergestalt mehr oder weniger adäquat ausformt, unterdrückt oder verkümmern läßt, erweist sich in seinen späteren Umweltgegebenheiten als sinnvoll übertragbar. Empathiefähigkeit ist eine arteigene Disposition, ein Wesensmerkmal von Menschen und höheren Tieren (gebunden an die Fähigkeit der Ich-Andere-Differenzierung) mit arterhaltenden Funktionen im Bereich sozialer Interaktionen. Sie ist keine überdauernde Persönlichkeitseigenschaft, sondern ein jeweils - ob spontan sich ereignender oder willentlich ablaufender - aktiver Erlebensprozeß. Das Ausmaß der Verwirklichung von Empathie ist - vergleichbar etwa Begabungen, die überdauernd vorhanden sind, sich aber nicht in jeder konkreten Leistung niederschlagen - von Person zu Person generell unterschiedlich und auch konkret jeweils situations-, stimmungs-, beziehungs-/bindungs-, zustands- und erfahrungsgebunden unterschiedlich. Ebenso variieren Empathieformen bzw. Vorformen, die das Erleben prägen oder auch kommunikativ zur Anwendung kommen, von Person zu Person und auch situations-, stimmungs-, beziehungs-/bindungs-, zustands- und erfahrungsabhängig. Empathie, d.h. Einfühlung, setzt Fühlen voraus und entwickelt sich über Vorformen wie emotionale Schwingungsfähigkeit, Gefühlsansteckung, Perspektiveninduktion, Gefühlsgleichklang und Gefühlsreaktionen, ohne daß diese im Lebensprozeß verloren gehen, bei gegebener Stimulation und Bindung zu Empathieformen, die die Ich-Andere-Differenzierung voraussetzen und damit zu sozialen Aktionen bzw. Verhaltens-Reaktionsmustern führen, die prosoziale oder auch andere Konsequenzen haben können und auch Auswirkungen auf Erlebnisprozesse sowohl im Sender als auch im Empfänger aufweisen. Reife, empathische Prozesse durchlaufen gewissermaßen alle Entwicklungsstufen im Eiltempo, die einzelnen Formen und Vorformen kommen verdichtet und verkürzt in ihrer jeweiligen Funktion zum Tragen. Psychische Gesundheit im Sine der *fully-functioning person* fördert Empathie, und Empathie fördert psychische Gesundheit sowohl im Sender als auch im Empfänger.

Anhand von Untersuchungen erweisen sich folgende Kriterien von Bezugspersonen als empathieentwicklungsfördernd: Empathisches Verhalten der Eltern sowohl untereinander (*Feshbach*, 1990) als auch gegenüber dem Kind, ein insgesamt akzeptierendes, warmes, emotionales Klima; biologische Spiegelung bzw. *Motor-Mimicry* in kindzentrierter Form, kongruente, eindeutige, emotionale Expressivität sowohl direkt als auch darstellungsbezogen, konkrete, situationsbezogene Attribuierungen, klare Unterscheidung zwischen Signalen, die das eigene Befinden betreffen und Signalen mit Beziehungsrelevanz, klare Grenzen, klare Abgrenzung und Autonomieförderung, Konfliktfähigkeit und Handlungskompetenz der Eltern und deren Anregung beim Kind. Die positiven Auswirkungen von empathieförderndem elterlichen Verhalten sind weniger deutlich meßbar als die entstehenden Empathiedefizite oder -verzerrungen bei diesbezüglich ungünstigem elterlichen Verhalten (*Feshbach*, 1990). Dies mag sowohl an der Komplexität des Gegenstandes als auch an der fehlenden Genauigkeit der Meßinstrumente liegen. Förderlich für die Empathieentwicklung ist ein breites Spektrum an emotionalen Erfahrungen, sofern diese im negativen Fall nicht die Bewältigungskapazität des Kindes übersteigen. Ist dies der Fall, so kann es zu

Tendenzen in Richtung Sich-Emotional-Ausklinken mit generell abnehmendem Ausmaß von Empathievermögen führen. Es kann aber auch und dies wohl vor allem in einem eher wenig akzeptierenden, aggressiv aufgeladenen Familienklima *personal distress*-Reaktionen begünstigen. *Personal distress*-Reaktionen treten auch verstärkt auf bei fehlenden innerpsychischen Bewältigungsmustern und ihren Modellen, wie geringe Fähigkeit zu selbstexplorativen Prozessen, eher diffuse Ich-Andere-Abgrenzung, geringes Selbstwertgefühl und damit geringes Zutrauen in die eigenen Handlungsmöglichkeiten. Und sie werden in einem *Over-protection*-Klima gefördert, indem das sorgenvoll eingeengte Kind gewohnheitsmäßig Aufmerksamkeit erhält, wenn es ihm schlecht geht. Und auch dadurch, daß bei *Over-protection* negative emotionale Erfahrungen in so starkem Ausmaß vom Kind ferngehalten werden, daß es bei einer gegebenen Konfrontation keine Abwehrmöglichkeit hat, sondern vielmehr intensiv emotional überschwemmt wird.

Empathie vollzieht sich leichter, präziser und intensiver bei vertrauten Personen. Von daher ergibt sich, daß ein möglichst breites Spektrum von sozialen Erfahrungen mit unterschiedlichen Personen/Personengruppen das Empathievermögen generell erhöht und vor allem die Empathie in die Persönlichkeit anderer fördert.[50]

Einige prototypische Empathieformen
Bei hoher Empathiemotivation und geringer Fähigkeit - generell oder hinsichtlich der konkreten anderen Person - zu Empathie in die Persönlichkeit nimmt die Tendenz zur **von-sich-auf-andere schließender** Empathie zu. Personen mit starkem Bedürfnis nach emotionaler Verbundenheit und von daher stark ausgeprägten Tendenzen zu empathischem Reagieren neigen dazu, alle Signale so zu nutzen, daß sich eine starke emotionale Beteiligung bzw. Intensität einstellt. Das empathische Erleben nimmt sowohl bei eindeutigen, einfachen Signalen zu, als auch bei besonders ver-

wirrend mehrdeutigen, bei denen die Entschlüsselung schwer fällt.[51] Ein starkes Ausmaß an Uneindeutigkeit bzw. Widersprüchlichkeit der Signale setzt hohe empathische Fähigkeiten voraus oder begünstigt eher undifferenzierte, archaische, empathische Erregungen wie Gefühlsansteckung, Gefühlsübernahme bis hin zu paranoiden Befürchtungen, Gefühlsüberschwemmungen, oder auch empathische Reaktionen, die nur nach dem Muster des Von-sich-auf-andere-Schließens verlaufen. Auch dies kann sich ungünstig auswirken, indem es zu sozialen Fehlinterpretationen kommt, die in ihren Auswirkungen auf die Selbsterfahrung und die jeweilige Beziehung nicht konstruktiv sind. Diese Empathieform intensiviert und perpetuiert die sowieso gegebene Grundstimmung und kann nicht als entwicklungs- und veränderungsfördernde Selbsterfahrung wirksam werden (z.B. der Depressive, der durch selektive Wahrnehmung Trauriges so intensiv einfühlt, daß er immer trauriger wird, und Positives als so artfremd wenig empathisch erfassen kann, daß er eher durch Befremdetsein in der eigenen Stimmung von Unterlegenheit und Ungeborgenheit bestärkt wird).[52]

Bei geringer Stabilität des Identitätsgefühls und damit einhergehender manchmal diffuser Ich-Andere-Abgrenzung kommt es zum Phänomen der **"stellvertretenden" empathischen Reaktion.** Hierbei handelt es sich nicht um Empathie im eigentlichen Sinne, sondern um eine egozentrische Form der Perspektivenübernahme, die sich besonders häufig im jugendlichen Alter und bei Personen, die sich in so enger Verwicklung/Bindung befinden, daß sie quasi aus der Perspektive eines Außenstehenden ihren Partner beobachten und beurteilen und sich dann so fühlen, wie dieser sich aus ihrer Sicht fühlen sollte. So z.B. schämt man sich des betrunkenen Partners nicht empathisch auf ihn bezogen, sondern man empathiert die angenommene Verachtung des Publikums und bezieht diese mit auf sich.

Eine weitere Sonderform möchte ich die **ipsative reaktive Empathie** nennen. Gemeint ist hiermit ein Sozialverhalten, das nicht unempathisch und auch nicht unabhängig von anderen abläuft, und dennoch hinsichtlich der emotionalen Kommunikation eher egozentrischen Quellen entspringt. Personen, die hierzu neigen, verhalten sich in ihren Beziehungen zu anderen vorwiegend entlang einer - durchaus prozeßhaft empathisch auf sich und andere gerichteten Orientierung - starren Aufrechterhaltung ihres Selbstbildes. Beispiele hierfür sind Verhaltensweisen wie z.B. nach einer qualitativ angemessenen, aber quantitativ etwas zu aggressiv geratenen Interaktion, ohne dies in der Beziehung zu erklären, und auch ganz zusammenhanglos zu derselben oder auch einer anderen Person ganz besonders nett zu sein. Ich nenne dieses Erlebensmuster ipsativ reaktiv empathisch, da diese Personen mit sich selbst ständig reaktiv empathisch zu interagieren scheinen und so im Selbstbild schwer integrierbare, ambivalente Gefühle intensiv ausleben und gleich wieder ungeschehen machen. Ich könnte mir vorstellen, daß dieses Muster besonders häufig bei Personen mit Suchtstruktur zu finden ist.

Empathie ist in ihrer Entwicklung zunächst eindeutig affektiv-emotional und vollzieht sich unwillkürlich und spontan. Später treten kognitive und auch bewußte motivationale Aspekte dazu, die die jeweilige empathische Reaktion spezifisch prägen und - dies gilt wohl vor allem für die motivationalen Anteile - ihre Verlaufsrichtung und die Verhaltenskonsequenzen emotional, kommunikativ und einwirkungs-/manipulationsorientiert im Bereich sozialer Beziehungen/Bindungen und Umgangsformen beeinflussen.

Ich möchte jetzt die **vorauseilende Empathie** und ihre Funktionen und Auswirkungen, die ich im Zusammenhang von Anorexie bereits erwähnt habe, noch einmal kurz beschreiben. Positive Aspekte der vorauseilenden Empathie - dies besonders im Umgang mit Kleinkindern - sind, daß hierdurch vorausschauendes, schützendes Verhalten möglich ist; in dieser Form vollzieht sie sich wertneutral auf zu erwartende zukünftige Ereignisse und deren Förderung oder Unterdrückung. Dies kann sich interagie-

rend - wie etwa bei *social referencing* (*Klinnert*, 1983) - ereignen oder auch ohne Einbeziehung des Kindes von der Mutter vorsorglich übernommen und zu Steuerungen des kindlichen Verhaltens genutzt werden. Die Auswirkungen erstrecken sich hier also über notwendigen Schutz bis zu extremer Einengung autonomer Strebungen und eigenständiger Erfahrungen. Die vorauseilende Empathie ist zumindest im bewußten Erleben des Senders gut gemeint. Bezieht sich die vorauseilende Empathie eher auf emotionale Bereiche oder auch Kommunikationsinteressen, so sind ihre Auswirkungen ausgesprochen destruktiv. In bezug auf die Selbsterfahrung wirkt sie hemmend; wenn man bereits "verstanden" wird, ehe man sich der betreffenden Emotionen selber gewahr werden konnte, geschweige denn, sie expressiv signalisiert hat, ist eine Verifikation oder Falsifikation[53] am eigenen Erleben nicht mehr möglich. Damit formt sich ein Selbstbild - wenn überhaupt - entlang von elterlichen Vorurteilen und ohne eigenen Erlebensbezug. Kommunikative Interessen werden durch vorauseilende Empathie bereits im Kern erstickt; wenn der andere sowieso schon weiß, was man sagen möchte, was man damit bezweckt und wie die Angelegenheit sich "wirklich" verhalten hat, erübrigt sich jede Erzählung, Auseinandersetzung oder auch sich-selbst-öffnende Mitteilung.
Für den Sender der vorauseilenden Empathie hat diese unter anderem die Funktion, sich vor allen das Selbstbild und die Selbstdarstellung irritierenden Veränderungen zu schützen und gleichzeitig - die Beziehung statisch haltend - zu der Illusion eines stets gegebenen Gefühlsgleichklanges mit entsprechenden Bindungsqualitäten zu führen. Bei lange und eng zusammenlebenden Personen stellt sich ein gewisses Ausmaß an vorauseilender Empathie unwillkürlich und nicht unbedingt destruktiv wirkend ein. Einander oft auch ohne Kommunikationsaufwand vorausschauend präzise zu verstehen schafft nicht nur angenehme Erlebnisse von Nähe und Geborgenheit, sondern hat auch entlastende Funktionen in der Alltagsbewältigung (hierbei ist selbst-

verständlich vorausgesetzt, daß das empathische Verstehen präzise und richtig ist). Bei älteren Paaren ist dies oft beobachtbar und erscheint angemessen, wenn Bewältigung und entlastende Vereinfachungen Priorität vor Selbsterfahrung, Veränderung und Entwicklung haben.

Die stellvertretende, die ipsativ reaktive und die vorauseilende Empathieform sind stark am eigenen Erleben bzw. an selbstbezogenen Strebungen orientiert und sind so gesehen keine Empathie im eigentlichen Sinne gemäß der Definition *Hoffmans* (1990). Dennoch weisen sie emotional, kognitiv und motivational auch auf den anderen bezogene Aspekte auf - und zwar dies sowohl in ihrer Entstehung als auch hinsichtlich ihrer Erlebnisqualitäten im Sender.

Bei Empathieformen, die stark motivational geprägt sind, können sowohl prosoziale Elemente als Hauptmotiv gegeben sein als auch egoistisch erlebnis- bzw. wirkungsbezogene als auch eher beziehungsrelevant manipulativ strategische. Motivational eher wirkungsorientiert sind z.B. empathische Reaktionen, deren Handlungskonsequenzen - auch wenn diese prosozial sind - im Dienste der Aufwertung der eigenen Person stehen. Beispiele hierfür sind das gezielte Aufsuchen von Möglichkeiten zur guten Tat bei Pfadfindermentalität oder auch bei Personen mit stark vertikal ausgerichteter christlicher Überzeugung im Sinne der Gottgefälligkeit, oder aber auch - und hier wird die Wirkung destruktiv - das Kleinmachen des anderen, um eigene Überlegenheit und Kompetenz dem Empfänger bzw. auch dem Publikum gegenüber zu demonstrieren.

Als ebenfalls motivational wirkungsorientiert zu bezeichnen sind die Inszenierungen von Empathie und Mitgefühl. Hierbei wird, die erlebte Intensität übertreibend oder auch sich mit der inneren Haltung eines anderen identifizierend, entsprechend dessen affektive Haltung übernommen. Hierbei fühlt sich der Empfänger zwar meist sicher unangenehm und peinlich berührt, aber die destruktiven Effekte sind letztlich eher auf der Senderseite.[54]

Eine weitere eher egoistisch motivierte Form ist die **voyeuristische Empathie**. Hierbei werden die wahrgenommenen Emotionen des anderen adäquat verstanden, aber dann genutzt, um die Intensität eigenen Erlebens risikofrei zu steigern. Salopp ausgedrückt handelt es sich hier also um "Intensitätsschnorrer", die, wie bei Schnorrern und Voyeuren üblich, ihr Erleben nicht kommunizieren. Damit bleibt dieses Erleben vom Effekt her eher neutral oder führt zu aggressiven Gefühlsreaktionen seitens des so benutzten "Eingefühlten". Bei der motivational **manipulativ strategischen Empathie** wird, ausgehend von einem adäquaten affektiv-emotionalen empathischen Verstehensprozeß der weitere Verlauf bestimmt von Überlegungen, wie das Verstandene zur Verwirklichung eigener Interessen zu nutzen sei. Beispiele hierfür sind: sexuelle Verführung, Ausbeutung von Gutmütigkeit und Leistungswilligkeit, Ausnutzung von Vertrauen etc. oder auch, weniger gravierend, manipulativ strategische Beziehungsgestaltungen wie etwa unter Nutzung empathischer Fähigkeiten gezieltes Imponieren, Gefallen, Überreden etc.
Empathisches Verstehen und auch die Verwendung empathischer Floskeln kann auch eine in-group-stabilisierende Funktion haben. So z.B. kann es dazu dienen, in Form von gemeinsamen, kommuniziertem, affektiv-emotionalem Verstehen von Personen/ Personengruppen abstrakt - d.h. unabhängig von deren Anwesenheit - sich über Gefühlsgleichklang einander verbunden zu fühlen oder auch dazu, sich über gemeinsame, verbindliche Meinungen, Wertsysteme etc. als Gruppe zu stabilisieren. Hieraus kann allerdings auch resultieren, daß, indem man sich so über Mißstände, Ungerechtigkeiten, Not und Elend benachteiligter Personen/ Personengruppen psychologisierend, erklärend geeinigt hat, oder auch einen Schuldigen/Verantwortlichen gefunden hat, über den man sich gemeinsam aufregt, das empathische Erleben den Charakter einer abgeschlossenen Handlung annimmt und damit keine entwicklungsfördernden, intensiven Qualitäten mehr aufweist. Ich denke, daß die Tendenz zu alles entschuldigenden, psychologisie-

renden Erklärungen, bei denen letztlich doch immer nach einem sehr schlichten Schwarz-Weiß-Muster bewertend ein Schuldiger gefunden wird, der Struktur der klassischen Persönlichkeit (*Binder/Binder*, 1981) entspricht.
Jede soziale Gruppe, jede Kultur verfügt über bestimmte im Einzelnen wenig gefühlsintensive Empathiefloskeln, die den sozialen Umgang regeln. Derartige Empathiefloskeln sind sowohl auf der Sender- als auch auf der Empfängerseite relativ unerheblich, wertneutral und in ihrer jeweiligen situativen kulturellen Üblichkeit allgemein verständlich. Sie bedeuten auf motivationaler Ebene nicht mehr, als daß man sich gegenseitig so viel Achtung, Aufmerksamkeit und Wertschätzung signalisiert, wie nötig ist, um die kulturüblichen Umgangsformen untereinander zu garantieren. Problematisch werden diese beziehungsirrelevanten bzw. unspezifischen Empathiefloskeln nur, wenn z.B. in multikulturellen Gesellschaften derselbe Sprachgebrauch inhaltlich und auf der Beziehungsebene Unterschiedliches bedeutet und dadurch Verwirrung entsteht. Ein solches Problem haben nicht nur Personen, die aufgrund von Migration in ihrer Umwelt hiermit nicht ausreichend vertraut sind und sowohl aktiv kommunikativ als auch passiv in bezug auf ihre jeweiligen Interpretationen abweichen, sondern auch Personen, die in ihrer Entwicklung ein Defizit in bezug auf Vielfalt sozialer Erfahrungen aufweisen oder auch störungsspezifisch bedingt erlebenismäßig immer fremd sind und keine sicheren Unterscheidungskriterien entwickelt haben in bezug auf die je relevanten Ebenen.

Schlußfolgerungen

Bedenkt man, daß die Empathieentwicklung und die damit einhergehenden passiven und aktiven Erfahrungen einen so zentralen Stellenwert in der Persönlichkeitsentwicklung vor allem im zwischenmenschlichen Bereich hat, so liegt die Annahme nahe, daß Patienten nicht nur schlicht empathisch defizitär - und zwar weder in ihren eigenen Lernmöglichkeiten, noch hinsichtlich ihrer

Erfahrungen durch relevante Bezugspersonen - aufgewachsen sind, sondern vielmehr mit ursprünglich vielleicht partiell adäquaten aber im Verlauf der Entwicklung für das innerpsychische und soziale Funktionieren destruktiven, krankmachenden Gewichtungen, Funktions- und Strukturentwicklungen. Wenn wir nun also empathisches Geschehen nicht mehr als zu jedem Zeitpunkt bei allen Personen gleichermaßen universell konstruktiv wirksam sehen, so hilft uns das - ohne den Grundgedanken unserer Variablen zu bezweifeln -, einige widersprüchliche Erfahrungen aus der Praxis mit psychisch schwer Gestörten auf der Basis von Empathie in bestimmte Persönlichkeitsstrukturen und Verstehen entsprechender Erlebnisweisen aus der inneren Welt des anderen zu begreifen.

Bei den sicher lebenslänglich fortlaufenden Differenzierungsprozessen geht kein Empathiekanal verloren und ist auch keiner je überflüssig. Die wechselnden vielfältigen Formen und Funktionen - gleichgültig, ob im als-ob-Charakter, in der Phantasie oder wie auch immer entsprechend vermittelt - sind im Interaktionsprozeß aufeinander angewiesen. Differenzierte, tiefergehende Empathie durchläuft jeweils die in der Empathieentwicklung gegebenen Phasen von diffuser Anmutung und Ansteckung, emotionaler Teilhabe bei gegebener Ich-Andere-Differenzierung, kognitive Perspektivenübernahme, die diese Teilhabe modifizieren kann, und schließlich Empathie in die Persönlichkeitsstruktur des anderen. Die Empathiefähigkeit unterliegt starken inter- und intraindividuellen Schwankungen. D.h., auch Therapeuten haben sicher qualitativ und quantitativ eher überdauernde Affinitäten zu bestimmten Empathiekanälen (Ausdruck, Situation, Persönlichkeit) und quantitativ und qualitativ ein oszillierendes Empathieniveau, das themen-, situations-, zustands- und beziehungsabhängig ist. Von daher ist es Aufgabe des Therapeuten, sich um die für ihn notwendige Aufrechterhaltung von Bedingungen, die seine Empathiefähigkeit absichern, zu bemühen.

Dazu gehört:

- Vertrautheit durch z.B. Hintergrundwissen über bestimmte Störungen.
- Eigene Stabilität erhalten durch Unabhängigkeit, Wertfreiheit und Absichtslosigkeit in der Beziehung.
- Kompetenzgefühle erhalten durch Empathie bzw. Offenheit für sich selbst und den anderen und damit Aufrechterhaltung eines Gefühlsprozesses sichern.

Ein störungsspezifisches empathisches Verstehen für störungsspezifisches empathisches Erleben und seine Konsequenzen ist sicher auch eine Optimierungs- und Erklärungsmöglichkeit therapeutischen Handelns und Verstehens. In unserem Ansatz einer störungsspezifischen personenzentrierten Therapie, die auch die störungsspezifischen Aspekte der Empathieentwicklung berücksichtigt, müssen die therapeutischen Vorgänge empathischen Verstehens - unter Nutzung aller Empathiekanäle und -formen - dem jeweiligen Erleben des Patienten in ihrer Gewichtung und Kommunikation entsprechen.

Wenn Empathie bzw. die Disposition dazu eine arteigene Fähigkeit ist, so kann es grundsätzlich keine Person ohne Empathievermögen geben, sehr wohl aber entwicklungsbedingte Defizite und auch verzerrte, gestörte bzw. bezüglich der *fully-functioning person* ungünstig gewichtete Empathieformen. Und wenn Empathie eine so wesentliche Rolle in der Entwicklung allgemein und bei der Entstehung psychischer Störungen spielt und so zentral sowohl für den Sender als auch den Empfänger in bezug auf soziale Bindungen/Beziehungen ist, so muß eine Therapieform, die empathisches Verstehen und seine Kommunikation unter Berücksichtigung störungsspezifischer Empathieaspekte in das Zentrum des therapeutischen Prozesses rückt, zumindest theoretisch eine optimale kurative Potenz aufweisen. Daß wir von diesem Ziel noch weit entfernt sind, liegt daran, daß wir die je relevanten, störungsspezifischen Ausformungen und daraus resultierenden Forderungen an adäquates, empathisches therapeutisches Verhalten erst sehr vorläufig kennen und verwirklichen und kaum im Ansatz erforscht haben. Verstehen wir psychische Störungen unter dem Aspekt von störungsverursachenden/störungsbedingten Empathieformen/-defiziten und -bedürfnissen - sowohl passiv als auch aktiv -, so ergibt sich aus dem personenzentrierten Ansatz die Möglichkeit systemimmanenten, störungsspezifischen Verstehens mit breiter Indikation - sowohl in bezug auf unterschiedliche Störungen als auch in bezug auf unterschiedliche Anwendungsbereiche, und zwar sowohl hinsichtlich eines Verständnisses von Ätiologie und Genese als auch in der therapeutischen Arbeit. Hier ist noch viel an Forschung notwendig, aber die Zukunftsaussichten sind optimistisch zu betrachten.

Anmerkungen

1 Vgl. hierzu *Wolfgang Pfeiffer* (1990), der im Zusammenhang mit Ethnopsychiatrie/Psychotherapie darauf verweist, daß das Herausnehmen von Heilelementen oder Heilmethoden aus dem kulturellen Kontext diese qualitativ verändert. Dieser Gedanke könnte auch im Hinblick auf additive Modifikationen des klientenzentrierten Konzeptes zutreffen. Ähnlich argumentiert auch *Auckenthaler* (1981).

2 Vgl. hierzu auch *Mahler*, die der Meinung ist, daß "normale" Kinder auch in extrem ungünstigen Lebensbedingungen in der Lage sind, Betreuungspersonen phasen-spezifisch optimal zu nutzen. Obgleich *Mahlers* Auffassung - speziell was die Entstehung von Psychosen angeht - mir nicht ausreichend gesichert erscheint und auch ihre psychoanalytisch orientierten Begründungen mir nicht überzeugend sind, deckt sich ihre Beobachtung mit *Rogers'* Sicht der Selbstaktualisierungstendenzen, die ich durchaus teile. Nach mehr als 20 Jahren psychotherapeutischer Arbeit mit Patienten mit schweren psychischen Störungen erscheint mir - gemessen an ihren Erfahrungen und Lebensgeschichten - ihre emotionale Stabilität, Funktionstüchtigkeit und Veränderungsfähigkeit manchmal bemerkenswerter als ihre Störung.

3 Es gibt inzwischen zahlreiche Weiterentwicklungen, sowohl hinsichtlich verschiedener Anwendungsbereiche als auch aus konzeptioneller Sicht. Um nur auf einige Beispiele hinzuweisen:

Für den Anwendungsbereich:

Deter, D.; Straumann, U. (Hrsg.): Personenzentriert Verstehen - Gesellschaftsbezogen Denken - Verantwortlich Handeln. 1990.

Straumann, U. (Hrsg.): Beratung und Krisenintervention. 1992.

Portera, A.: Klientenzentrierte Psychotherapie im interkulturellen Kontext. 1990.

Und im konzeptionellen Bereich:
Swildens, H.: Prozeßorientierte Gesprächspsychotherapie. 1991.
Sachse, R., Maus, M.: Zielorientiertes Handeln in der Gesprächspsychotherapie. 1991.
Speierer, G.W.: Eine klientenzentrierte Krankheitstheorie für die Gesprächspsychotherapie. 1990.
Tscheulin, D.: Wirkfaktoren psychotherapeutischer Interventionen. 1992.

4 Wir halten es, wie immer wieder vorgeschlagen wird, für problematisch, diese Schwierigkeiten per Indikation zu lösen. Lösungsversuche in dieser Richtung setzen voraus, daß es bei therapeutisch schwer angehbaren Störungen gesicherte Verfahren gäbe mit höherer kurativer Effizienz.

5 Es ist ein problematischer Ansatz, daß das, was unserem Verstehen zugrunde liegt, ausschließlich der nicht vermittelten und nicht vermittelbaren (nicht formulierten) Subjektivität überlassen bleibt. Damit gibt es keine Entwicklung bzw. Weiterentwicklung von Verstehenshypothesen, und es kann auch zu keinem wissenschaftlichen Dialog zwischen unterschiedlichen Auffassungen über bestimmte Krankheiten und deren Behandlung, zwischen Therapieschulen und auch in der interdisziplinären Zusammenarbeit kommen. Die agnostische, rein anwendungstechnische Orientierung erschwert es außerordentlich, den von *Rogers* ins Zentrum der therapeutischen Arbeit gestellten subjektiven Raum des Erlebens mit in den wissenschaftlichen Diskurs eingebrachten Erfahrung zu füllen. Und solange dies nicht geschieht, bleibt vieles an den appellativen Benennungen einer phänomenologischen Grundposition uneingelöst.

6 Vgl. hierzu die Ausführungen von *Shlien* zum Thema Übertragung.

7 Hier kann auf den Beratungsansatz von *U. Straumann* mit dem Ausgangspunkt eines sich-selbst-optimierenden Systems

verwiesen werden, der mit aller Deutlichkeit klar macht, daß das Verharren in der Anwendungstechnik den in der Beratungsarbeit zu lösenden Problemen nicht gerecht wird.

8 Vgl. hierzu *Binder/Binder* (1981). Intensität nimmt bei Mehrfachinformation und Mehrfachaktion zu.

9 Vgl. hierzu Rationalisierungen als Abwehrprozeß.

10 DSM-III-R 301.70 Antisocial Personality Disorder "The essential feature of this disorder is a pattern of irresponsible and antisocial behavior beginning in childhood or early adolescence and continuing into adulthood. For this diagnosis to be given, the person must be at least 18 years of age and have a history of Conduct Disorder before the age of 15. Lying, stealing, truancy, vandalism, initiating fights, running away from home, and physical cruelty are typical childhood signs. In adulthood the antisocial pattern continues and may include failure to honor financial obligations, to function as a responsible parent or to plan ahead, and an inability to sustain consistent work behavior. These people fail to conform to social norms and repeatedly perform antisocial acts that are grounds for arrest, such as destroying property, harassing others, stealing, and having an illegal occupation. People with Antisocial Personality Disorder tend to be irritable and aggressive and to get repeatedly into physical fights and assaults, including spouse- or child-beating. Reckless behavior without regard to personal safety is common, as indicated by frequently driving while intoxicated or getting speeding tickets. Typically, these people are promiscuous (defined as never having sustained a monogamous relationship for more than a year). Finally, they generally have no remorse about the effects of their behavior on others; they may even feel justified in having hurt or mistreated others. After age 30, the more flagrantly antisocial behavior may diminish, particularly sexual promiscuity, fighting and criminality."

11 Vgl. hierzu *Bischof-Köhler* (1989), die von einer arteigenen Disposition zur Empathie ausgeht, in "Spiegelbild und Empathie". (S. 153): "Nun kann natürlich kein Zweifel darüber bestehen, daß das Empathievermögen im weiteren Entwicklungsverlauf Einflüssen unterworfen ist, die sich sowohl auf seine Äußerungsformen als auch auf sein Fortbestehen überhaupt in unterschiedlicher Weise fördernd oder hemmend auswirken und schließlich auch in einer manifesten Empathieverkümmerung resultieren können. Eine solche Entwicklungsmöglichkeit rechtfertigt aber keineswegs den Schluß, die Kompetenz sei ursprünglich und ausschließlich sozialisationsbedingt entstanden." Und weiter (S. 154): "Entgegen der Lehrmeinung, Empathie und Hilfeverhalten nehmen altersbedingt zu, würde ich aufgrund unserer Ergebnisse erwarten, daß die Chance, Empathie bei möglichst vielen Individuen festzustellen, am höchsten bei Kleinkindern ist, also unmittelbar nachdem die Kompetenz erstmals auftritt."

12 DSM-III-R 301.84 Passive Aggressive Personality Disorder "The essential feature of this disorder is a pervasive pattern of passive resistance to demands for adequate social and occupational performance, beginning by early adulthood and present in a variety of contexts. The resistance is expressed indirectly rather than directly, and results in pervasive and persistent social and occupational ineffectiveness even when more self-assertive and effective behavior is possible. The name of this disorder is based on the assumption that such people are passively expressing covert aggression.

People with this disorder habitually resent and oppose demands to increase or maintain a given level of functioning. This occurs most clearly in work situations, but is also evident in social functioning. The resistance is expressed indirectly through such maneuvers as procrastination, dawdling, stubborness, intentional inefficiency, and 'forgetfulness'. These people obstruct the efforts of others by failing to do their share of the work. For example, when an executive gives a subordinate some material to review for a meeting the next morning, rather than complain that he has no time to do the work, the subordinate may misplace or misfile the material and thus attain his goal by passively resisting the demand on him. These people become sulky, irritable, or argumentative when asked to do something they do not want to do. They often protest to others about how unreasonable the demands being made on them are, and resent useful suggestions from others concerning how to be more productive. As a result of their resentment of demands, they unreasonably criticize or scorn the people in authority who are making the demands.

Associated features. Often people with this disorder are dependent and lack self-confidence. Typically, they are pessimistic about the future, but have no realization that their behavior is responsible for their difficulties.

13 Da Erfahrungen mit dieser seltenen Störung nicht verbreitet sind, füge ich hier die ausführliche Beschreibung aus DSM-III-R ein: 300.14 Multiple Personality Disorder: "The essential feature of this disorder is the existence within the person of two or more distinct personalities or personality states. Personality is here defined as a relatively enduring pattern of perceiving, relating to, and thinking about the environment and one's self that is exhibited in a wide range of important social and personal contexts. Personality states differ only in that the pattern is not exhibited in as wide a range of contexts. In classic cases, there are at least two fully developed personalities; in other cases there may be only one distinct personality and one or more personality states. In classic cases the personalities and personality states each have unique memories, behavior patterns, and social relationships; in other cases there may be varying degrees of sharing of memories and commonalities in behavior or social relation-

ships. In children and adolescents classic cases with two or more fully developed personalities are not as common as they are in adults. In adults, the number of personalities or personality states in any one case varies from two to over one hundred, with occasional cases of extreme complexity. Approximately half of recently reported cases have ten personalities or fewer, and half have over ten. (In the text below, both personality and personality states will be subsumed under the term personality). At least two of the personalities, at some time and recurrently, take full control of the person's behavior. The transition from one personality to another is usually sudden (within seconds to minutes), but, rarely, may be gradual (over hours or days). The transition is often triggered by psychosocial stress or idiosyncratically meaningful social or environmental cues. Transitions may also occur when there are conflicts among the personalities or in connection with a plan they have agreed upon. A transition may also be elicited by hypnosis or an amobarbital interview. Often personalities are aware of some or all of the others to varying degrees, and some may experience the others as friends, companions, or adversaries. Some personalities may be aware of the existence of other personalities, but not have any direct interaction with them. Some may be unaware of the existence of the others. At any given moment, only one personality interacts with the external environment, and none or any number of the other personalities may actively perceive (i.e., "listen in on") or influence all or part of what is going on. The personality that presents itself for treatment often has little or no knowledge of the existence of the other personalities. Most of the personalities are aware of lost periods of time or distortions in their experience of time. For example, the person may be aware of periods of amnesia or periods of confusion about his or her experience of time. Some admit to these experiences if asked, but few volunteer such information because they fear being called liars or being considered "crazy". Others are unaware of their amnesic experiences, confabulate memories that cover the amnesic periods, or have access to the memories of the other personalities, which they report as if they were their own. The individual personalities may be quite discrepant in attitude, behavior, and self-image, and may even represent opposites. But they may also differ only in alternating approaches to a major problem area. For example, a quiet, retiring spinster may alternate with a flamboyant, promiscuous, bar habituée; or a person may have one personality that responds to aggression with childlike fright and flight, another that responds with masochistic submission, and yet another that responds with counterattack. At different periods in the person's life, any of the different personalities may vary in the proportion of time that they control the person's behavior.

Associated features. One or more of the personalities may function with a reasonable degree of adaption (e.g., be gainfully employed) while alternating with another personality that is clearly dysfunctional or appears to have a specific mental disorder. Studies have demonstrated that various personalities in the same person may have different physiologic characteristics and different responses to psychological tests. Different personalities may, for example, have different eyeglass prescriptions, different responses to the same medication and different IQs. One or more of the personalities may report being of the opposite sex, of a different race or age, or from a different family than the other personalities. Each personality displays behaviors characteristic of its sense of its stated age. One or more of the personalities may be aware of hearing or having heard the voice(s) of one or more of the other personalities, or may report having talked with or engaged in activities with one or more of the other personalities. These internal conversations and the belief that one has engaged in activities with another personality when the latter is actually a dissociated aspect of the person must be differentiated from other forms of hallucinatory and delusional experiences. The personalities often exist in groups of two or more, all of whom represent the same period of life (e.g., adolescence). When this occurs, one or more may have the role of protector of another member or member of the group. Most often the personalities have proper names, usually different from the first name, and sometimes different from both the first and last names, of the individual. Often the names have symbolic meaning, for example "Melody" as the name of a personality that expresses itself through music. Occasionally, one (or more) of the personalities is unnamed, or is given the name of its function, for example "The Protector". Frequently, one or more of the personalities exhibits symptoms suggesting a coexisting mental disorder, for example changes of mood suggesting a Mood Disorder, complaints of anxiety suggesting an Anxiety Disorder, or marked disturbance in personality functioning suggesting Borderline Personality Disorder. It is often unclear whether these represent coexisting disorders or merely associated features of Multiple Personality Disorder.

Age at onset. Onset of Multiple Personality Disorder is almost invariably in childhood, but most cases do not come to clinical attention until much later.

Course. The disorder tends to be chronic although over time the frequency of switching between the personalities often decreases.

Impairment. The degree of impairment varies from mild to severe, depending primarily on the nature of, and relationships among, the personalities and only secondarily on their number.

Complications. Suicide attempts, self-mutilation, externally directed violence (including child abuse, assault, or rape), and Psychoactive Substance Dependence Disorders are possible complications of this disorder.
Predisposing factors. Several studies indicate that in nearly all cases, the disorder has been preceded by abuse (often sexual) or another form of severe emotional trauma in childhood."

14 Vgl. hierzu *Mogel* (1990).

15 Die Idee eines Therapeuten, der empathisch wahrnimmt und versteht, ohne daß diese Wahrnehmungen funktional bezogen wären auf individuell lebensgeschichtlich erworbene Bezugssysteme, ist eine Mystifizierung.

16 Vgl. hierzu *Bischof* (1985), der das Vertraute und das Fremde als zentralen Aspekt der Regelung von sozialen und sexuellen Verhaltensweisen aus ethologischer Sicht darstellt. Hierbei betont er die arterhaltende Funktion von Sicherheit, Geborgenheit und Intimität in familienähnlichen Verbänden, die mit Asexualität einhergeht und von daher im Dienste der Fortpflanzung aufgegeben werden muß. Arterhaltendes Fortpflanzungsverhalten ist dabei auf einen sensiblen Spannungsgrad zwischen "vertraut" als Artgenosse und "fremd" als nicht Verwandter angewiesen.

17 *Flafel* [zitiert nach *Billmann-Mahecha* (1990)] unterscheidet zwischen role enactment (eher in der früheren Kindheit, wo im Rollenspiel tatsächlich Rollenmerkmale einer anderen Person übernommen werden) und role-taking als einem "verdeckten" kognitiven Prozeß, bei dem die Perspektive einer anderen Person stillschweigend erfaßt wird. Im deutschsprachigen Raum wird role-taking meist mit Rollenübernahme übersetzt. Synonym hierzu werden die Begriffe "Perspektivenübernahme" und "Perspektivenwechsel" gebracht. *Billmann-Mahecha* bevorzugt den Begriff "Perspektivenwechsel", da hierin deutlich wird, daß in der Vorstellung

von einer Perspektive zur anderen und vielleicht auch wieder zurück "gewechselt" wird.

18 In allen Forschungs- und Untersuchungsbemühungen in bezug auf Empathie ist man sich inzwischen relativ einig, daß Empathie kognitive, affektiv-emotionale und auch motivationale Aspekte hat. Hierbei stößt man auf zahlreiche begriffliche Unterscheidungen und Unklarheiten. Von einigen Autoren werden Empathie und Perspektivenübernahme als eher unabhängige Vorgänge gesehen, wobei Empathie als nur affektiv emotional gesehen wird (*Bryant, Feshbach*, 1990), von einigen werden die Begriffe nahezu synonym gebraucht. Erschwerend kommt hinzu, daß die meisten Instrumente, mit denen Empathie gemessen wird, die einzelnen Empathieaspekte nicht klar diskriminieren, wodurch es oft zu widersprüchlichen und schwer interpretierbaren Ergebnissen kommt, weil unklar bleibt, worauf sich der ermittelte hohe bzw. niedrige allgemeine Empathiefaktor im einzelnen bezieht.

19 Empathie ist sehr oft als Vorläufer bzw. im Zusammenhang mit menschlichen Qualitäten wie Altruismus, prosoziale Tendenzen und auch Fähigkeiten zu moralischer Urteilsbildung untersucht worden. Demgegenüber löst *Bischof-Köhler* den Begriff aus diesen nur menschlichen höheren Kontexten von Moral in ihren Untersuchungen und Überlegungen heraus und betrachtet Empathie eher im Sinne einer arteigenen Disposition, mit die Funktionstüchtigkeit des einzelnen erhöhenden, arterhaltenden Aspekten. Sie bezieht sich hierbei auf Untersuchungen über empathische Fähigkeiten und soziale Perspektivenübernahme bei Schimpansen. Hierbei wird anschaulich deutlich, wie Empathie und soziale Perspektivenübernahme auch im Dienste davon stehen kann, andere effektvoll zu schädigen, zu hintergehen und zu übervorteilen. Darüber hinaus ist soziale Perspektivenübernahme wesentlich zur Erfahrungserweiterung. Sie ermöglicht es mit geringem

eigenen Aufwand und Risiko aus den Erfahrungen und Verhaltensweisen anderer zu lernen. Daß es sich hierbei um eine sehr hoch entwickelte Fähigkeit handelt, die eine Ich-Andere-Differenzierung voraussetzt, wird dadurch deutlich, daß Tierarten, die nicht über diese Differenzierung verfügen, wie etwa Paviane, hierzu nicht in der Lage sind. *Bischof-Köhler* geht davon aus, daß der entscheidende Entwicklungssprung weniger - wie früher angenommen wurde - im Werkzeuggebrauch zu sehen ist, als vielmehr in der Empathiefähigkeit. Ich denke, wir können davon ausgehen, daß, wenn es sich hier um einen so zentralen Aspekt der Funktionstüchtigkeit höherer Lebewesen besonders im sozialen Bereich handelt, Störungen dieser Funktionstüchtigkeit auch in einem Zusammenhang hiermit stehen.

20 Vgl. hierzu auch *Swildens* (1991), S. 14: "Als Psychotherapeuten haben wir die Aufgabe, dort, wo der Prozeß, welcher der Mensch ist, stagniert, uns in einem therapeutischen Gespräch mit ihm zu engagieren. Und dieses Gespräch muß ebenfalls Prozeßcharakter tragen, wenn es wirksam sein soll. Auch da wieder ein Entwicklungsgang, in welchem Klient und Therapeut in einer durchgehend fließenden Bewegung miteinander beschäftigt sind mit dem Ziel, den Klienten wiederum in einen Prozeß zu bringen. Dabei sind Phasen zu erwarten. Bei einer Phasenänderung bricht der Prozeß jedoch nicht ab, sondern fließt unter Erhaltung seiner Kontinuität und seiner Identität hinüber in eine folgende Phase, welche die vorausgegangene in sich trägt und auf die kommende hinweist." Und an anderer Stelle, S. 49: "Das Auf-dem-Weg-Sein kennzeichnet sowohl den Prozeß der Gesprächspsychotherapie wie auch die menschliche Existenz. Es setzt die Zeit als Dimension voraus, worin es sich vom Ausgangspunkt zum Bestimmungsort hin in einer fortdauernden Bewegung entwickelt. Wenn dieser Prozeß auch mit einer gewissen Gesetzmäßigkeit eine Anzahl von Phasen durchläuft, bleibt

er doch in seiner Kontinuität derselbe Prozeß." Und weiter, S. 69: "Sie (die prozeßorientierte Gesprächspsychotherapie) beruht auf klientenzentrierten Grundsätzen, muß aber, da sie mit Menschen konfrontiert ist, die in ihrem existenziellen Prozeß stagnieren, aktiv Wege suchen, um die Stagnation des Prozesses zu überwinden und den Klienten wieder in Bewegung zu bringen."

21 Vgl. hierzu *Selman* (1984), der in einer Untersuchung an verhaltensgestörten Jugendlichen zu dem Ergebnis kam, daß diese "... ein hohes Fähigkeitsniveau interpersonalen Verstehens und gleichzeitig ein extremes Schwanken in der Realisierung in natürlichen Kontexten aufweisen." "Zugleich sind wir uns bewußt, daß affektive Mechanismen die Anwendung reflexiven Verstehens und verwandter Funktionen bei Kindern verhindern können, die normalerweise über Auffassungen höheren Niveaus verfügen. Folglich können sozial kognitive Fähigkeiten, so wie sie in unserem Modell definiert werden, entweder als unabhängige oder als abhängige Variable betrachtet werden. Selbst das mag eine zu grobe Vereinfachung sein: die Richtung der Effekte ist höchstwahrscheinlich reziprok, so daß eine Verzögerung in der Entwicklung reflexiven Verstehens sowohl den psychosozialen Schwierigkeiten des Kindes vorausgehen als auch eine ihrer Folgen sein kann (*S. Sameroff* und *Chandler*, 1975). Mithin erscheint es plausibel anzunehmen, daß eine extreme Abwehrhaltung und Ich-Einschränkung beim Kind zu Defiziten im Verstehen innerer und äußerer sozialer Erfahrung führt, die dann wiederum die Rigidität der Abwehr verstärken können, usw." (a.a.O., S. 227). *Goldstein* und *Michaels* (1985) sind der Meinung, daß empathische Fähigkeiten durch ein breites Spektrum von emotionalen Erfahrungen begünstigt werden, und daß zu viel Schutz vor negativen Gefühlen hemmend wirkt. Wobei (*Hoffman*, 1982) dies dann nicht zutrifft, wenn das Kind negative Gefühle mit zu hoher Intensität erlebt, da

extrem schmerzliche oder unglückliche emotionale Erfahrungen zu einer Vielfalt von Abwehrmechanismen führen, die, wenn sie einmal da sind, die Fähigkeit des Kindes zu Empathie auch in anderen Bereichen hemmen können.

22 Diese Position ist wichtig für unser Störungs- und Therapiekonzept. Sie hängt zusammen mit dem Gedanken der Bereichsspezifität (*Binder/Binder*, 1981). Emotions-/Motivationsbereiche haben unterschiedliche Funktionen, Dynamik, Struktur, Genese und selbstverständlich auch - ein Aspekt der in einer rein funktional orientierten Psychotherapie relativ vernachlässigt wird - unterschiedlich erlebbare Inhalte und Bedeutungen. *Bischof* betont dies vor allem unter dem Aspekt der Struktur in Abgrenzung von einem rein energetischen Modell menschlicher Antriebe (*Bischof*, 1985). So fühlt sich Hunger z.B. nicht nur anders an, sondern hat auch spezifische Funktionen, eine andere Dynamik, eine andere Struktur und Genese, wie etwa der Emotions-/Motivationsbereich Sexualität, und damit auch andere Störungsmöglichkeiten. In ähnliche Richtung gehen die Überlegungen von *Höger* (1990) in bezug auf den Emotions-/Motivationsbereich Bindung. Weder eine inhaltlich monothematische Orientierung noch eine rein funktional-dynamische Betrachtungsweise wird den Anpassungsnotwendigkeiten des menschlichen Organismus gerecht. Die Auffassungen von *Rogers* zur organismischen Wertung und zur Aktualisierungstendenz reichen dann über eine rein formale Position hinaus, wenn man von diskreten Grundemotionen ausgeht.

23 *Bischof-Köhler* (1981) sieht ein eindeutiges Indiz für die Wirksamkeit von Gefühlsansteckung in dem Phänomen des "social referencing", das in der zweiten Hälfte des 1. Lebensjahres auftritt. Sie bezieht sich dabei auf folgende Untersuchung von *Klinnert*: Die Kinder befanden sich gemeinsam in einem Raum mit ihren Müttern, in dem attraktives Spielzeug vorhanden war, das sie aber nur erreichen konnten durch

Überqueren einer als "visual cliff" bezeichneten Glasplatte, unter der der Abgrund in einer steilen Stufe abfiel. Bevor die Kinder nun wagten, die Platte zu überqueren, schauten sie kurz zur Mutter und richteten ihr Verhalten dann nach deren Ausdruck: lächelte sie, wurde die Platte überquert, schaute sie ängstlich, wurde es unterlassen. D.h., es erfolgt die Reaktion, die dem über Gefühlsansteckung erfolgten Zuwachs an Sicherheit oder Ängstlichkeit entspricht.

24 So z.B. kann die Empfindung "Ekel", wenn sie über die vegetativen, endokrinologischen Begleitsymptome wie Mißempfindungen z.B. im Magen hinaus ihren expressiven Ausdruck findet, zu einem Abschluß gebracht werden. Vgl. hierzu auch Izard (1981), der auf eine negative Korrelation zwischen interner Erregung und Emotionsausdruck verweist. Er bezieht sich hierbei auf *Jones* (1951), der der Ansicht ist, daß vegetative Erregung und offenes Verhalten einander ersetzende Modi der Spannungsreduktion seien. Demnach wird bei unterdrückter offener Affektäußerung diese internalisiert und physiologisch aufgelöst. Weiterhin zitiert er *Schachter* und *Latane* (1964), die anführen, daß es "primären Soziopathen" nicht gelingt zu lernen, Gefühlsbezeichnungen auf Zustände interner Erregung anzuwenden und sie somit, obgleich physiologisch extrem labil, äußerlich betrachtet nicht emotional seien. Interessant sind in diesem Zusammenhang auch die Befunde von *Eisenberg et al.* (1990) mit physiologischen Meßmethoden von Empathie und verwandten Reaktionen. Hiernach sind meßbare, physiologische Veränderungen nicht nur ein genereller, undifferenzierter Hinweis auf einen Erregungszustand, sondern stellen vielmehr Hinweise auf unterscheidbare diskrete Emotionen dar; so z.B. verlaufen Veränderungen von Herzschlag, Temperatur und Hautwiderstand bei verschiedenen Emotionen unterschiedlich. Bezogen auf Empathie und Mitgefühl ergab sich, daß bei Erregung, die eher am eigenen Wohlgefühl orientiert

ist (selbstorientierte Angst, *personal distress* etc.), der Herzschlag beschleunigt wird, bei - von der induzierten Dramatik her durchaus intensiv erregenden - empathischen d.h. auf das Erleben des anderen hin orientierten Reaktionen verlangsamte sich die Herzschlagfrequenz. *Eisenberg* (1975) verweist auf eine Untersuchung von *Krebs*, die ergab, daß Personen, die sich als dem in Not befindlichen Beobachteten als ähnlich empfanden, mit einer Senkung der Herzfrequenz reagierten und besonders zu prosozialen Reaktionen neigten. Herzfrequenzbeschleunigung korreliert bei 14-monatigen Kindern mit Verhaltensweisen, die eigene Angst und Trauer unterdrücken, während der Anblick eines traurigen Erwachsenen bei ihnen zu einer Senkung der Herzfrequenz führte; beim Anblick eines Erwachsenen, der Angst ausdrückte, kam es lediglich zu leichten, nicht signifikanten Beschleunigungen.

25 Vgl. *Goldstein* und *Michaels* (1985) und *Hoffman* (1982), wonach ein breites Spektrum an emotionalen Erfahrungen empathiefördernd ist.

26 Vgl. hierzu asymbiotische Nähe (*Binder/Binder*, 1991). Im asymbiotischen Näheverhalten praktiziert ein Partner mit hoher Beziehungsmotivation ein Verhalten, das den anderen Partner bindungsmäßig so verunsichert, daß in diesem eine starke Bindungsmotivation entsteht und er so die für beide notwendige Aufrechterhaltung der Bindung garantiert.

27 Vgl. hierzu die Symbiosedefinition von *Rosenblum* und *Moltz* (1983): "Der Austausch in der Mutter-Kind-Beziehung kann mit folgenden Kriterien beschrieben werden:

a) *Synchron-asynchron:* die Folgen einer Interaktion bzw. eines Austausches können für die beiden Partner zur selben Zeit oder zu verschiedenen Zeiten auftreten.

b) *Homomorph-heteromorph:* was ausgetauscht wird, kann dasselbe oder etwas anderes für die beiden Partner sein.

c) *Isovalent-kontravalent:* die Konsequenzen eines Austausches bedeuten eine Wertigkeit (positiv, neutral, schädlich), die dieselbe oder eine andere für die beiden Partner bedeuten kann."

28 Vgl. hierzu *Binder/Binder* (1981) Power als Sicherheitskonzept und *Bowen* (1976), der in der schizophrenogenen statischen symbiotischen Bindung "die Abhängigkeit von Abhängigen" sieht.

29 Vgl. hierzu die Arbeit von *Dülz* (1992), der das Gleichnis vom Besessenen von Gerasa untersucht. Der Besessene von Gerasa ist nicht in der Lage, auf die Frage von Jesus, wer er sei, zu antworten. Er sagt: "Ich bin viele". Jesus heilt ihn, indem er die vielen, von denen dieser besessen ist, in eine Herde von Schweinen schickt. Mit anderen Worten, indem die vielen in dem Besessenen nicht abgetrennt von ihm existieren, kann man sie nicht vernichten, ohne auch ihn zu vernichten. Sie müssen logischerweise, wenn sie aus ihm hinaus sollen, irgendwo hinein. Diese "Heilung" bleibt im System psychotischen Erlebnisses - die Auffassung des Besessenseins wird unhinterfragt geteilt -, sie erfolgt als systemimmanente verändernde Befreiung.

30 Nach *Melges* (1982) war die elterliche Botschaft an den Phobiker "sei anders, als du bist". Dies legt die Unterdrückung unerwünschter Emotionen nahe. Nach *Lanzettea* und *Kleck* (in: *Izard*, 1981) kommt es im Erleben von Individuen, die in ihrer Sozialisation für Affektäußerungen bestraft wurden, in affekterregenden Situationen zu einem Konflikt zwischen Zeigen und Unterdrücken. "Das physiologische Erregungsniveau werde zu einer gemeinsamen Funktion des Erregungswertes der Reizsituation und des Konfliktes zwischen der Tendenz, eine Äußerung zu zeigen oder sie zu unterdrücken. Die Autoren erklären die besseren Leistungen von "Internalisierern" (bezieht sich auf eine hier im Detail nicht wesentliche Untersuchung) bei der Beobachtung von affektiven Äu-

ßerungen anderer damit, daß solche Individuen Sensibilität durch ihren eigenen Konflikt in bezug auf Affektäußerungen entwickelt haben." (*Izard*, 1981, S. 104). Vgl. hierzu auch die insgesamt in der Kriminologie eher enttäuschenden Ergebnisse von Lügendetektoren. Meßbare Reaktionen ergeben sich dadurch, daß vegetative, physiologische Reaktionen in dem Ausmaß steigen, in dem kongruente Emotionen nicht zum Ausdruck kommen, weil ein Motiv besteht, sie aufgrund ihrer als gefährlich verboten oder auch nur intim erlebten emotionalen Inhalte zu verheimlichen. Von daher ist auch einleuchtend, daß der Lügendetektor wenig funktioniert, wenn ein Mensch sich in einer für ihn emotional und kognitiv stimmigen Weise für eine Lüge entschieden hat und von daher nicht in einem ambivalenten Zustand zwischen expressiven Motivationen und deren Unterdrückung steht.

31 *Lipps* (1903) benutzt den Begriff Einfühlung ursprünglich im Kontext optischer Konfigurationen und Illusionen und im Bereich der Ästhetik. Er kommt zu dem Schluß, daß sich das Subjekt in die Stimulus-Konfiguration hineinprojiziert. Damit wird der ästhetische Genuß aktiv über Einfühlung - z.B. mit der Methode der Imitation - des Betrachters in das Objekt hergestellt.

32 Die im Bereich Hygiene bestehenden starken kulturellen Unterschiede machen deutlich, daß es sich hierbei nicht ausschließlich um arteigene und von daher auf jeden Fall zu irgendeinem Zeitpunkt auch eigenständig im Kind sich entwickelnde Affekte handelt.

33 Nach *Bavelas et al.* (1990) ist *Motor-Mimicry* eine Funktion von interpersonellen, kommunikativen Situationen und kein Nebenprodukt eines privaten Erlebens. Sie führten folgendes Experiment durch: Nicht informierte Beobachter waren Zeuge folgenden Unfalls: Eine Person mit verbundenem Daumen brachte ein Fernsehgerät in den Raum, in dem sich die Versuchspersonen befanden, wobei ihm der Fernseher auf den

verletzten Daumen fiel. Der Versuch wurde in zwei Variationen durchgeführt. 1) Der Verletzte brachte zwar mimisch Schmerz zum Ausdruck, wandte aber Gesicht und Blick von den Versuchspersonen ab. 2) Der Verletzte signalisierte seinen Schmerz deutlich in Richtung auf die Versuchspersonen und nahm intensiven Blickkontakt auf. Ergebnisse: in der ersten Versuchsanordnung waren die Reaktionen der Versuchspersonen signifikant geringer und beschränkten sich - wenn sie überhaupt auftraten - auf mimische Bewegungen, die Schmerz und Schreck ausdrücken. In der zweiten Versuchsanordnung waren die Reaktionen nicht nur wesentlich intensiver, sondern hatten auch einen anderen Verlauf. Nach der *Motor-Mimicry*-Phase von Schmerz und Schreckimitation folgte ein Ausdrucksverhalten von empathischem Bedauern und schließlich verständnisvollem beziehungsorientiertem Lächeln.

34 Die Definition von situativer Perspektiveninduktion von *Bischof-Köhler* (1989, S. 61): "Perspektiveninduktion durch identifikatorischen Mitvollzug der Situation eines anderen erfolgt unmittelbar und setzt nicht erst die bewußte Überlegung voraus, wie man sich denn fühlen würde, wenn man an seiner Stelle wäre ... Gehen wir aus Gründen der besseren Übersicht davon aus, daß das Ausdrucksverhalten des anderen also die einzige Informationsquelle über dessen Verfassung darstellt. Das empathische Gefühl kommt nun so zustande, daß die kognitiven Mechanismen, die dem Selbstkonzept zugrunde liegen, auch eine Identifikation mit dem anderen möglich machen und damit Perspektiveninduktion bewirken. Dadurch wird das Sensorium in dem Sinne beeinflußt, daß es die fremde Situation wahrnimmt, als sei sie auf das Individuum selbst gerichtet. Das Sensorium sendet daher Afferenzen aus, auf die der für die eigene Situation zuständige Detektor ansprechen kann. Die Folge davon ist, daß das Individuum auf die fremde Situation auch emotional so

reagiert, als wäre es die eigene." Es wäre also anzunehmen, daß bei der Perspektiveninduktion auch vegetative, physiologische Reaktionen auftreten, wie sie bei unmittelbar eigenem Erleben der Fall sind. Von daher ist auch anzunehmen, daß sie im Unterschied zu affektiv emotionalen empathischen Reaktionen und kognitiver sozialer Perspektivenübernahme bei gegebener Ich-Andere-Differenzierungen Streßreaktionen herbeiführen können.

35 Vgl. hierzu *Izard* (1981), der zahlreiche Untersuchungen anführt, die ergeben, daß bereits Neugeborene das menschliche Gesicht verschiedenen anderen Reizen deutlich vorziehen. Das Gesicht löst vergleichsweise stärkere visuelle Aufmerksamkeit und motorische Beruhigung aus.

36 Vgl. hierzu die Beobachtungen an Personen mit soziopathischen Persönlichkeitsstörungen: hohe physiologische Labilität, geringe Emotionalität, Aggressivität auf niedrigem Niveau, häufig sexuell abweichendes Verhalten, empathische Defizite. Als Ursache für die Entstehung werden angenommen: Vernachlässigung, hohes Ausmaß an physischer Gewalt im familiären Milieu und damit einhergehend erhebliche Defizite an Empathie, Zuwendung und Zuneigung seitens der Betreuungspersonen.

37 *Hoffman* (1990) untergliedert die Empathieentwicklung in verschiedene Phasen. Demgegenüber spricht *Bischof-Köhler* erst von Empathie im eigentlichen Sinne, wenn eine Ich-Andere-Differenzierung eindeutig gegeben ist. Sie sieht in den Phänomenen Gefühlsansteckung und Perspektiveninduktion Vorformen. Die Phasen von *Hoffman* (1990) sind: 1) Fusion, oder zumindest ein Mangel an klarer Selbst-Andere-Unterscheidung: Globale Empathie (entspricht Gefühlsansteckung). 2) Wahrnehmung des Anderen als physisch getrennt vom Selbst: Egozentrische Empathie (das Gefühl wird zwar im anderen lokalisiert, führt aber zu am Selbst orientierten empathischen Reaktionen). 3) Wahrnehmung, daß andere Ge-

fühle und innere Zustände haben, die unabhängig von den eigenen sind: Empathie für die Gefühle anderer (in einer gegebenen Situation bzw. in einem gegebenen Zustand). 4) Wahrnehmung, daß andere Erfahrungen haben, die über die unmittelbare Situation hinausgehen, und daß andere eine eigene Geschichte und Identität als Individuen haben: Empathie in die Lebensumstände anderer (bzw. Empathie in die spezifische Persönlichkeit).

38 Ein solches Entwicklungsmodell verführt leicht zu der Annahme, daß eine Empathieform von der nächsten (als höher gedachten) abgelöst wird. Sämtliche sozialen Interaktionen sind getragen von den unterschiedlichen empathischen Möglichkeiten, die jeweils ihnen zukommende Funktionen erfüllen. Bei entsprechenden Beeinträchtigungen in der Entwicklung und in der jeweiligen funktionalen Gewichtung von Empathie und deren Vorformen sind die Bedingungen für pathologische Entwicklungen gegeben.

39 Was unter *personal distress* gemeint ist, wird im folgenden Witz deutlich: Zum Baron Rothschild kommt ein Schnorrer und weint und klagt. Nach einiger Zeit klingelt Rothschild seinem Diener und sagt: "Josef, schmeiß ihn raus, er bricht mir's Herz."

40 Daß auch Verstöße gegen kulturelle Normen und Wertsysteme zu Schuldgefühlen führen können, ist kein Widerspruch. Wenn ein Individuum diese Normen und Werte teilt und ihnen dennoch zuwider handelt, so geht es davon aus, daß es damit andere schädigt, sie enttäuscht oder ihnen Kummer bereitet. Verstößt eine Person gegen Normen und Werte ohne entsprechende empathische Gefühle, so löst dies eher Angst und Scham im Falle einer Entdeckung aus.

41 Nach *Melges* (1982) lautet die elterliche Botschaft an Depressive "existiere nicht". Von daher besteht eine Existenzberechtigung allenfalls, wenn die eigene Existenz nicht mit den Bedürfnissen, Wünschen, Erwartungen anderer wahr-

nehmbar kollidiert. Geäußerte Emotionen und zwar ganz besonders autonome, positive und prosoziale sind auf Bestätigung angewiesen. Unerwünschte auf sich selbst orientierte Stimmungen wie Einsamkeit, Ungeborgenheit und Trauer gelingen dem Depressiven durchaus allein; eher expansive autonome, expressiv positive Stimmungen bedürfen der "Erlaubnis".

42 Nach *Bryant* (1990) ist die kognitive soziale Perspektivenübernahme keine Variante der affektiv-emotionalen Empathie, sondern entwickelt sich von dieser unabhängig und unter anderen Voraussetzungen. Sie wird auch durch andere Kriterien in der Entwicklung gefördert. Im konkreten Fall kann sie in bezug auf denselben Auslöser und zur selben Zeit gemeinsam mit affektiv-emotionaler Empathie auftreten, wobei es zu einer adäquaten Synthese der beiden an sich voneinander unabhängigen Erlebnismuster kommen kann. Die kognitive soziale Perspektivenübernahme kann emotionsneutral verlaufen. Das Ausmaß der Verwirklichung der Fähigkeiten zu affektiv-emotionaler Empathie und das Ausmaß der Verwirklichung der Fähigkeit von kognitiver sozialer Perspektivenübernahme kann demnach auch in ein und demselben Individuum völlig unterschiedlich ausgeprägt sein.

43 Der Ausdruck "Artgenossenschema" ist hier angemessen, da soziale Kognitionen, Empathie und in ersten Ansätzen auch Perspektivenübernahme auch bei Schimpansen, die sich übrigens auch im Spiegel erkennen, beobachtbar ist (*Bischof-Köhler*, 1989).

44 Diese Szene kann in das Schema der verschiedenen Phasen in der Empathiedefinition von *Katz* (nach *Reik*, 1963) eingeordnet werden: Wahrnehmende Aktivität - Inkorporation - Reverberation - Ablösung.

45 Vgl. Stufe 4 der Empathieentwicklung nach *Hoffman* (siehe Anmerkung 37)

46 Möglicherweise ist die Destruktivität bedingter Akzeptanz und elterlicher Bewertungen der Person auch in diesem Zusammenhang zu sehen. Wenn das Kind vor der Ausbildung eines stabilen eigenen Selbstbildes/Identitätserlebens mit Wertungen konfrontiert wird und noch nicht ausreichend in der Lage ist, diese am eigenen Erleben und Selbstbild zu verifizieren oder zu falsifizieren, so daß sie nicht kongruent identitätsformend wirken, sondern vielmehr als die lebensnotwendige, akzeptierende Bindung bedrohend erlebt werden, so kann dies zu Inkongruenzen führen. Hierfür sprechen auch die Untersuchungen von *Grusec* (1991), nach denen an konkreten Situationen und Verhaltensweisen gebundene, wertende Attribuierungen identitätsfördernd sind.

47 Vgl. *Bischof* (1985). Ein gewisser Grad von Fremdheit, Andersartigkeit, sofern er nicht ein aversives Ausmaß an Vertrautheit und damit Bedrohung erreicht, ist Voraussetzung für sexuelle Anziehung.

48 Hierbei handelt es sich nicht um Phänomene der willkürlichen, expressiven Unterdrückung, wie sie kulturell bedingt rollentypisch in der Sozialisation entwickelt werden, wie z.B. "Ein Junge weint nicht" etc., und die von empathisch sensiblen Beobachtern ohne weiteres dechiffriert werden können.

49 In diesem Alter zeigen Kinder sehr häufig, z.B. wenn sie sich langweilen und/oder Aufmerksamkeit auf sich ziehen wollen, typisch passiv-aggressives Verhalten, das zumindest bewußtseinsfähig zu sein scheint - z.B. sich dumm und ungeschickt anstellen, alles Mögliche fallen lassen, aus Versehen Lärm verursachen und ähnliche Provokationen mehr. Eine angemessen aggressive Gefühlsreaktion seitens der Erwachsenen hat hier keine destruktiv bewertenden Konsequenzen für das Selbstbild, sondern wirkt als geradezu erwünschte Klärung.

50 Vgl. hierzu *Minounchin* (1978). Er beschreibt die typische Psychosomatikerfamilie - hier im Zusammenhang mit Ano-

rexia nervosa, die er als psychosomatische Erkrankung einstuft - mit dem Bild eines Hauses, in dem immer alle Türen offenstehen, nur die Haustür hermetisch verschlossen bleibt. In bezug auf schizopräsente Familien scheint oft ein ähnliches Muster zu bestehen. Die außerfamiliäre Umwelt wird dem Kind als fremd bis bedrohlich feindlich dargestellt und vor allem als eine Welt, in der der soziale Umgang nach ganz anderen Kriterien verläuft als in der *In-group*. Hiermit werden außerfamiliäre Erfahrungen erheblich eingeengt.

51 Vgl. *Janzarik* (1988), der von der projektiven Potenz bei Mehrdeutigkeit spricht. Der empathische Mechanismus des Von-sich-auf-andere-Schließens hat sich hinsichtlich eindeutiger, einfacher Signale in der Erfahrung meist vielfältig als richtig bewährt und orientiert sich am allgemeinen Bezugssystem "Menschen wie du und ich". Dementsprechend ist auch die Verwirrung groß, wenn sich die jeweilige empathische Reaktion als völlig daneben erweist (vgl. das Beispiel mit dem Patienten mit einer soziopathischen Persönlichkeitsstörung).

52 Aufgrund des dynamischen Veränderungskonzeptes Intensität (*Binder/Binder*, 1981) kann selbst das günstig sein, indem Erleben wieder via Intensität in Fluß kommt; bei Überintensität und Grenzverwischung kann es aber auch zu Symptomverstärkung und genereller emotionaler Labilisierung führen.

53 Vgl. hierzu *Hilde Bruch* (1973), die in diesem Zusammenhang auf destruktive Wirkungen von psychoanalytischen Deutungen bei der Behandlung anorektischer Patieninnen hinweist, da diese eine Bestätigung und Verstärkung der die Krankheit auslösenden Erfahrung "andere wissen besser, wie ich bin und was gut für mich ist, als ich selber" darstellen. Vgl. auch *Binder/Binder* (1981) das hohe Bedürfnis nach Intensität bei Patientinnen mit Anorexia nervosa: Lücken, Leerstellen im Selbstbild bedingen ein hohes Intensitätsbedürfnis. Der prinzipiell mögliche Zugang zum eigenen Erle-

ben wird durchaus empfunden und in Intensitätserlebnissen, die dem Wesen nach dem eigenen Erleben zugeordnet sind, gesucht. Im Hungern liegt unter anderem der verzweifelte Versuch, diese Lücken zu füllen und Unklarheiten in bezug auf die Herkunft des Gefühls von außen oder innen zu beseitigen.

54 Vgl. *Swildens* (1991) zur Phänomenologie der hysterischen Neurose.

Literatur

Anchin, J.C., Kiesler, D. J.: Handbook of Interpersonal Psychotherapy. New York, 1982.

Auckenthaler, A.: "Integrations"-Verweigerung: Gegen den Einsatz von Klientenzentrierter Psychotherapie als Hilfsmethode der Verhaltenstherapie. GwG-Info 42, Köln, 1981.

Auckenthaler, A., Binder, J.: Beziehung und Bindung. Unveröffentlichtes Manuskript, 1987.

Baldwin: Zitiert nach Goldstein und Michaels. 1985.

Bateson, J.B., Jackson, D. et al.: Toward a Theory of Schizophrenia. Behav. Science 1, S. 151-164, 1956.

Bavelas, J.B., Black, A., Lemery, C.R., Mullet, J.: Motor Mimicry as primitive Empathy. In: Eisenberg et al., 1990.

Behr, E., Esser, U., Petermann, F., Pfeiffer, W.M. (Hrsg.): Jahrbuch für personenzentrierte Psychologie und Psychotherapie, Bd. 2. Salzburg, 1990.

Billmann-Mahecha, E.: Egozentrismus und Perspektivenwechsel. Göttingen, 1990.

Binder, U.: Einige Thesen zur personzentrierten Psychotherapie mit Schizophrenen. In: Meyer-Cording, Speierer. 1990.

Binder, U., Binder, J.: Klientenzentrierte Psychotherapie bei schweren psychischen Störungen. Frankfurt, 1981, 2. Aufl.

Binder, U., Binder, J.: Studien zu einer störungsspezifischen Psychotherapie - Schizophrene Ordnung - Psychosomatisches Erleben - Depressives Leiden. Eschborn, 1991.

Binder, U., Binder, J.: Überlegungen zum störungsspezifischen Umgang im Bereich der psychosozialen Versorgung am Beispiel von Schizophrenie, neurotischer Depression und passiv-aggressivem Verhalten. In: Straumann. 1992.

Bischof, N.: Das Rätsel Ödipus. München, 1985.

Bischof-Köhler, D.: Zur Phylogenese menschlicher Motivation. In: Eckensberger, L.H., Lantermann, E.D. (Hrsg.), 1985.

Bischof-Köhler, D.: Spiegelbild und Empathie. Bern, 1989.

Blackman, Smith, Brockman u. Stern: zitiert nach Goldstein u. Michaels, 1985.

Bowen, M.: Gleichzeitige Beobachtung und Behandlung der Familie. In: Matussek. 1976.

Brooks-Gunn, J.: zitiert nach Hattie. 1992.

Bruch, H.: Eating Disorders. New York, 1973.

Bryant, B.K.: Mental health, temperament, family and friends: perspectives on childrens' empathy and perspective taking. In: Eisenberg et al. 1990.

Buber, M.: zitiert nach Goldstein u. Michaels, 1985.

Clark, M.S.: Prosocial Behavior. Newbury Park, 1991.

Coe, C., Levine, S., Wiener, S.G.: Psychoendocrine Responses of Mother and Infant Monkeys to Disturbance and Separation. In: Rosenblum, Moltz. 1983.

Coutu, W.: zitiert nach Goldstein u. Michaels, 1985.

Danish, S., Kagan, N.: zitiert nach Goldstein u. Michaels, 1985.

Deter, D., Straumann, U.: Personenzentriert Verstehen - Gesellschaftsbezogen Denken - Verantwortlich Handeln. Köln, 1990.

DSM-III-R, Washington D.C., 1987.

Dülz, S.: Das Phänomen Schizophrenie - Ein Beitrag zur störungsspezifischen Psychiatrieseelsorge. Diplomarbeit, Mainz, 1992.

Eisenberg, N.: Altruistic emotion, cognition and behavior. Hillsdale, 1986.

Eisenberg, N., Strayer, J. (Hrsg.): Empathy and its Development. Cambridge, 1990.

Franke, A.: Klientenzentrierte Psychotherapie - Verändern durch Beziehung? In: Zimmer. 1983.

Feshbach, N.D.: Parental Empathy and Child Adjustment/Maladjustment. In: Eisenberg et al. 1990.

Goldstein, A.P., Michaels, G.: Empathy, Development, Training and Consequences. New Jersey, 1985.

Grusec, J.E.: The Socialization of Altruism. In: Clark. 1991.

Harre, R.O.M.: zitiert nach Hattie. 1992.
Hattie, J.: Self-Concept. Hillsdale, 1992.
Höger, D.: Zur Bedeutung der Ethologie für die Psychotherapie. In: Meyer-Cording, Speierer. 1990.
Hoffman, M.L.: The contribution of empathy to justice and moral judgement. In: Eisenberg et al. 1990.
Izard, C.E.: Die Emotionen des Menschen. Weinheim, 1981.
Janzarik, W.: zitiert nach Schmoll. 1988.
Katz, R.L.: zitiert nach Goldstein u. Michaels, 1985.
Keefe, T.: zitiert nach Goldstein u. Michaels, 1985.
Klinnert, M.D.: zitiert nach Bischof-Köhler. 1989.
Koch, S. (Hrsg.): Psychology. New York, 1959.
Lanzetta, J.T., Kleck, F.R.: zitiert nach Izard. 1981.
Lewis, M.: zitiert nach Hattie. 1992.
Lipps, T.: zitiert nach Goldstein u. Michaels. 1985.
Lorenz, K.: Über tierisches und menschliches Verhalten. München, 1965.
Luhmann, N.: Liebe als Passion. Zur Codierung von Intimität. Frankfurt, 1984.
Mahler, S.M., Pine, F., Bergmann, A.: Die psychische Geburt des Menschen. Frankfurt, 1978.
Matussek, P.: Psychotherapie schizophrener Personen. Hamburg, 1976.
Melges, F.T.: Time and the Inner Future. New York, 1982.
Meyer-Cording, G., Speierer, G. (Hrsg.): Gesundheit und Krankheit. Köln, 1990.
Midlarsky, E.: Helping and Coping. In: Clark. 1991.
Minouchin, S., Rosman, B.L., Barker, L.: Psychosomatic Families. Cambridge, 1978.
Mogel, H.: Bezugssystem und Erfahrungsorganisation. Göttingen, 1990.
Pfeiffer, W.M.: Wodurch wird ein Gespräch therapeutisch? In: PPmP-Psychother. Psychosom. med. Psychol. 41. Stuttgart, 1990.

Pfeiffer, W.M.: Die Bedeutung der Beziehung bei der Entstehung und der Therapie psychischer Störungen. In: Teusch u. Finke. 1993.
Portera, A.: Klientenzentrierte Psychotherapie im interkulturellen Kontext. In: Behr et al., 1990.
Prouty, G., Pietrzak, S.: Pre-Therapy method applied to persons experiencing hallucinatory images. Person-Centered Review, 3 (4), 1988.
Rogers, C.R.: A Theory of Therapy, Personality and interpersonal Relationships, as developed in the Client-Centered Framework. In: Koch, 1959.
Rosenblum, L.A., Moltz, H.: Symbiosis in Parental-Offspring Interaction. New York, 1983.
Sachse, R., Maus, M.: Zielorientiertes Handeln in der Gesprächspsychotherapie. Stuttgart, 1991.
Salovey, P., Mayer, J.D., Rosenhan, D.L.: Mood and Helping: Mood as a Motivator of Helping and Helping as a Regulator of Mood. In: Clark, 1991.
Scheflen, A.E.: Levels of Schizophrenia. New York, 1980.
Schmidt-Schmölke, M.: Personenzentrierte Arbeit mit Abhängigen. In: Deter u. Straumann, 1989.
Schmoll, D.: Schizophrenie und Leiblichkeit. Paderborn, 1988.
Selman, R.L.: Die Entwicklung des sozialen Verstehens. Frankfurt, 1984.
Shlien, M.: Eine Gegentheorie zur Übertragung. In: Behr et al., 1992.
Speierer, G.W.: Eine klientenzentrierte Krankheitstheorie für die Gesprächspsychotherapie. In: Meyer-Cording u. Speierer, 1990.
Stern, D.: zitiert nach Bischof-Köhler, 1989.
Straumann, U. (Hrsg.): Beratung und Krisenintervention. Köln, 1992.
Swildens, H.: Prozeßorientierte Gesprächspsychotherapie. Köln, 1991.

Teusch, L., Finke, J.: Krankheitslehre der Gesprächspsychotherapie. Heidelberg, 1993.

Tscheulin, D.: Wirkfaktoren psychotherapeutischer Interventionen. Göttingen, 1992.

Whitehorn, J.C., Betz, B.: Effective Psychotherapy with the Schizophrenic Patient. New York, 1975.

Wills, T.A.: Social Support and Interperson Relationship. In: Clark, 1991.

Wittgenstein, L.: zitiert nach Billmann-Mahecha, 1990.

Zimmer, D. (Hrsg.): Die therapeutische Beziehung. Weinheim, 1983.